KB082452

1장

독서 시간대만
바꿔도
더 행복해진다

독서 시간대만 바꿔도 더 행복해진다

새벽에 일찍 일어나는 사람은 자기 관리에 성공한다.
그것은 삶의 모든 영역에 좋은 영향을 미친다.
좋은 새벽은 좋은 하루를 만들고, 나아가 좋은 인생을 만든다.
– 유성은, 『새벽을 깨우는 자가 세계를 지배한다』

　요즘 사람들은 직장 다니면서도 자기계발을 하는 사람들이 많다. 자신의 몸값을 더 높이고 더 나은 미래를 위해서 여러 가지 방법으로 자기계발을 하고 있다. 그리하여 사람들은 자기계발 독서를 기본으로 업무 관련 분야, 외국어, 스피치, 마음 공부, 돈 공부, 성공학, 인문학, 철학 등을 공부하며 모두 바쁘게 살아간다.

　많은 분야의 책을 읽어가면서 이왕이면 더 효과적으로 배우고 내 것으로 만들어야 한다. 우리는 무엇이든 배워도 금방 잊는다. 때문에 좀 더 자신에게 알맞은 방법으로 배운 지식을 자신의 것으로 만들어야 한다. 2주일 안에 3번 정도 반복하여야 한다. 구구단 처음 외울 때를 예를 들어보자. 처음에 구구단 외울 때는 달달 외우기만 했다. 그렇게 외운 구구단은 2~3일 안에 다시 한 번 외운다. 7일쯤 안에 한번 더 외운다. 그리고 한 달 후 다시 외워본다. 이렇게 구구단을 완벽하게 외우면 그 후로는 그것을 잘 잊지 않게 된다.

독서도 마찬가지다. 처음에는 빨리 읽고 다음에 밑줄 긋거나 형광펜으로 칠한 것을 나의 것으로 만들기 위해 다시 한번, 두 번 보면 그 내용들이 내 것이 된다. 아드레날린, 노르아드레날린, 도파민, 엔도르핀, 옥시토신과 같은 호르몬은 분비되는 내내 우리의 기억력을 향상시킨다. 독서를 하더라도 내가 좋아하는 분야부터 한 권 한 권씩 차근차근 읽어나가다 보면 호기심이 자극되고 마음이 설레게 된다. 그래서 우리는 책에 빠져들 수 있다. 책에 빠져들면 언제라도 읽고 싶고 한 권을 빨리 읽고 내 지식으로 만들고 싶다.

이렇게 책을 읽지 않던 사람도 책 한 권을 다 읽게 되면 완독했다는 뿌듯함과 그 방면의 내용을 조금이나 내 것으로 만들었다는 자신감이 들면서 작은 성취감을 맛 볼 수 있다. 성공적인 독서는 작은 성취감에서부터 시작된다.

부모님은 시골에서 농사를 지으셨는데 그 어떤 농기구도 없이 오로지 손으로 농사를 지으시던 아버지는 항상 새벽 4시부터 일하러 가셨다. 여름에

새벽독서의 힘

는 낮이 길어서 엄마는 나를 5시쯤에 깨우시면서 암기 과목을 암기하라고 깨우신다. 그래서 어렸을 때부터 새벽 기상을 잘할 수 있는 특권을 가진 것 같다. 그렇게 항상 고요하고 상쾌한 새벽 공기를 마시면서 하루 생활이 시작되었다. 아침 일찍 암기하는 과목을 암기하니 고등학교 때까지 늘 암기하는 과목에서 성적이 반에서 우수한 편에 속하였다. 어찌 보면 체질이 새벽형 인간으로 길들여져 있던 것이다.

시집 와서도 항상 5시에는 일어났다. 시집도 농사를 짓고 어른들 역시 여름에는 해뜨기 전에 일어나는 부지런한 가족들이었다. 어른들과 같이 살면서 더 이상 늦잠을 잘 수가 없었다. 어떤 때는 늦잠을 자보고 싶을 때도 있었다. 어른들과 함께 살면서 새벽 5시에 교회에 가서 새벽기도를 하고 그 후에 아침밥을 준비한다. 어른들은 당뇨환자라서 정해진 시간에 식사를 하셔야 해서 항상 생활패턴은 똑같이 돌아간다. 아침 일찍 일어나는 삶은 늘 충만하였다. 마음에 풍성함을 주었다.

요즘 미라클 모닝 모임에 많은 사람들이 동참하는 것을 알 수 있다. 사람들이 다시 새벽 시간의 중요함을 깨닫고 자기계발에 온 힘을 다한다. 내가 책 읽기 시작한 지 얼마 되지 않아 『습관의 완성』을 읽으면서 저자가 새벽 3시 30분에 일어나서 팔굽혀펴기 1개부터 글쓰기 2줄, 작은 습관 1개, 이렇게 10분 안에 3가지 작은 일을 시작하여 습관으로 만들고, 그것을 계속 성취하는 루틴으로 만들고, 그 작은 습관으로 인생을 성공적으로 여는 것을 배웠다.

　작은 습관을 개선하기 위해서 저자는 단톡방을 통해 여러 명의 사람이 미라클 모닝 계획을 잡았다. 운동하는 사람은 운동하고, 책 보는 사람은 책을 보고, 책 쓰는 사람은 책을 쓰면서 여러 가지 경험을 쓰고 서로 응원한다. 성공하면 그 경험을 공유하고 실패하면 왜 미라클 모닝 생활이 실패하는지 분석하고 그에 맞는 방안을 설정하고 다시 도전하면서 많은 사람들이 점점 성공해 나갔다. 나도 그때부터 3시 30분에 일어나서 무엇이라도 해보고 싶었다.

　나는 교회를 다니는 사람으로서 『성경』에 관심을 가지고 『성경』이 마음의 저서이고 이 세상에 최다 판매수량을 달성하고 하나님이 살아 계시니 『성경』에서 하나님을 찾는 목적으로 내 삶을 더 충만하게 하려고 『성경』 필사 하루 한 장으로 부터 시작하였다. 혼자서 하니 할 때는 하고 안 할 때는 자기 합리화할 때도 있었다.

　그렇게 6개월 정도 지나서 블로그에 하루 새벽에 1 포스팅 하면서 차츰 방문자가 늘어났고 그중 대부분의 사람들은 미라클 모닝을 하는 사람이었다. 그러던 어느 날, 한 사람이 같이 미라클 모닝을 66일 동안 꾸준히 할 사람을 모집했다. 나는 66일 동안 하루도 거르지 않고 꾸준히 미라클 모닝을 했다.

날마다 블로그에 인증샷을 올리는 것이 목적이었던 것 같았다. 확실히 혼자 하는 것보다 여러 명이 인증샷을 올리니 동기부여가 되고 선의의 경쟁을 하는 것 같아서 좋았다. 어떤 날은 새벽에 못할 때도 있지만 일단은 저녁 늦게까지 완성하여 가슴에는 하루 일과를 완성했다는 뿌듯함이 있었다. 그래서 항상 새벽에 1등으로 올리기를 원하고 도전해왔다.

적지 않은 사람들은 새벽 시간을 이용하여 자기계발을 한다. 새벽은 보통 조용하고 그 어떤 방해도 받지 않는다. 어떤 책에서는 새벽 시간은 사회와 접촉하기 전의 시작으로, 두뇌활동의 골든타임이라고 한다. 눈을 떠서 집을 나서기 전, 아무에게도 방해받지 않고 사회에 접속하기 전까지의 시간에 집중력과 몰입력은 낮 시간보다 향상되어 있다. 두뇌는 잠에서 깨어나 한창 왕성한 운동을 한다. 이 시간을 온전히 자신을 위하여 자신에게 투자하고 자신의 삶을 계획하고 하루를 시작하는 것이 얼마나 보람 있고 뿌듯한지 새벽 기상을 해본 사람만이 느낄 수 있다.

소중한 새벽 시간을 독서로 습관화하여 나를 위해 활용하면 다른 사람보다 더 많은 하루 시간을 확보할 수 있다. 새벽 3시에 막 잠에서 깨어난 나는 의식이 아직 완전히 깨지 않은 몽롱한 상태에서 해야 할 것이 있다. 고요하고 평화롭게, 1분 동안 천천히 깊은 들숨과 날숨을 쉬는 것이 제일 먼저다. 나는 2분 동안 심호흡을 하고 나서 하나님께 나 자신이 살아 있음을 감사하며 간

밤에 남편과 자녀를 지켜주셔서 감사하고 오늘 하루 가족들 주의 보혈로 덮어주고 보호해달라고 기도드린다. 그 뒤 3분 동안은 자기암시를 잠재의식에 각인한다. '나는 우주에서 제일 멋진 사람이다', '나는 우주의 풍요를 누릴 자격이 있다', '나는 무슨 일을 하든지 다 잘된다', '나는 나의 꿈을 이룰 수 있는 능력을 갖고 있다', '나는 하나님의 사랑을 받는 자녀이다', '하나님은 나를 도와주시기를 원하신다' 등으로 자신의 자존감을 높일 수 있는 긍정확언을 한다.

나의 꿈이 이루어질 것을 생생하게 그리며 오늘 하루도 내가 원하는 좋은 일들이 일어날 것이라고 상상한다. 이렇게 몸도 마음도 고요함 속에서 우주의 충만함을 느낄 수 있다. 마음을 차분히 하고 몸을 이완하고 천천히 침대에서 일어난다. 그러면서 나의 오감은 이미 새로운 하루에 적응할 준비가 된다.

세수하고 스트레칭하고 따뜻한 물 한잔을 마시면서 하루의 우선순위를 정하고 하루 계획을 순차적으로 진행하면서 하루를 시작하면 에너지가 충만하게 느껴진다. 그리고 의식 확장에 관한 책을 한 권 골라들고 원하는 만큼 필사를 하면서 새벽독서를 시작한다. 필사를 하면서 책의 내용을 눈으로 손으로 온몸으로 기억한다.

현재 상황이 힘들거나 가난하거나 잘 안되거나 할 때 나의 사고를 바꾸어 의식을 키워나가며 긍정적 마음으로 나를 무장한다. 지금의 힘든 상황을 바꿀 수 있는 방법은 나의 마음을 바꾸는 것이다. 외부에서 오는 어떤 도움이 아닌 내면에서 스스로 도와야 한다. 하나님도 스스로 돕는 자를 돕는다고 한다. 하루의 충만함은 일주일의 충만함을 부르고 일주일 충만함은 한 달의 충만함을 이루고 한 달의 충만함은 1년의 충만함을 이룬다. 날마다 충만한 삶이 우리를 성공으로의 삶으로 이끌어간다.

나는 저녁형인가?
새벽형인가?

나의 과거는 결코 바꿀 수 없지만,
오늘 내 행동을 바꿈으로 내 미래를 바꿀 수 있다.
나는 오늘 당장 나의 행동을 바꾸겠다.
– 솔로몬

직장 다니면서 보면 많은 사람들은 이렇게 말한다.

"나는 아침에 도저히 일찍 일어날 수가 없어. 새벽에 일어나는 사람들 보면 정말 대단해."

"집으로 가는 길에 한잔할까? 스트레스도 많이 받았는데……. 그래 한잔하자. 스트레스 풀기도 하고."

요즘은 밤 문화가 발전하여 구미에도 저녁 10시 이후도 대낮같이 환한 곳이 많고 가게들도 24시간 영업하는 곳도 많다. 많은 공장도 주야간 2교대, 혹은 3교대 하는 곳도 많다. 이런 현실은 어른들 뿐만 아니라 아이들도 저녁 늦게까지 안 자도 괜찮다는 생각을 만들어준다. 우리 아이들도 어릴 때는 늦어도 저녁 9시 30분까지는 자도록 습관이 되어 있었는데 코로나로 학교가 방학이 길어지고 학교 가는 날도 적어지니 밤늦도록 핸드폰을 하고 있다. 비록 새벽형으로 체질이 되어있어도 금세 주변 환경에 따라 저녁형 인간으로 바뀌고, 저녁형 인간에서 새벽형 인간으로 바뀌려면 정말 어렵게 습관을 바꾸어야 한다. 웬만한 의지로는 저녁형 체질을 새벽형 체질로 바꾸기 힘들다.

사람들이 말하는 새벽형 인간은 6시 이전에 일어나서 해 뜨는 것을 볼 수 있는 사람들을 말한다. 저녁형 인간은 새벽에 굳이 알람을 일찍 맞춰놓을 필요가 없다. 자신의 패턴이 늦어지기 때문에 새벽에 일찍 일어날 수 없다. 기본적으로 수면은 6시간 이상을 자줘야 하니 말이다.

지인 중에 직장에 다니는 최 대리는 얼마 전만 하여도 저녁형이었다. 그는 회사 마치고 늦은 시간까지 학원에 다니며 자신의 업무능력을 높이고자 영어학원에 다니고 건강한 몸을 만들고자 헬스도 다녔다. 그는 회사 마치고 학원과 헬스장에 다니느라 집에 가면 늘 11시 전후다. 퇴근하고 집에 와서도 회사에서 못 다한 일들을 하고 씻고 정리하면 벌써 새벽 1~2시쯤 된다. 그러니 새벽 5시에 일어나기는 너무 피곤하다. 어쩌다 5시에 일어나면 그날은 하루 종일 회사에서 멍 때리고 졸고 있고 하루 업무가 제대로 되지 않아 상사들한테 질책도 받고 스트레스를 받는다. 자신으로 인해, 또 다른 사람으로 인해 그는 많은 스트레스를 받고 또 마치면 학원, 헬스장으로 간다. 이튿날은 출근 시간에 맞춰 30분 전에 일어나 준비하고 회사로 간다. 그는 이렇게 저녁형 인간이 되었다. 그러던 최대리가 새벽형 인간으로 바꿀 기회가 찾아 왔다. 동료 김 대리도 헬스도 하고 학원도 가는데 그는 새벽형 인간이었다. 자신과 같은 삶을 사는 것 같은데 김 대리는 늘 새벽형 인간으로 하루를 활기차게 시작했다. 그는 활기찬 김 대리에게 물어본다.

"김 대리님은 어떻게 학원도 가고 헬스장도 가는데 새벽형 인간이 되는 거예요?"

김 대리는 말한다.

"자기계발 도서들을 읽다보면 대다수의 많은 사람들이 다 새벽형 인간이었다는 것이에요. 그들은 새벽 1시간을 낮 시간의 2.5배에서 3배까지 활용한다고 하네요. 그래서 저도 새벽형 인간으로 되려고 노력했죠."

"그렇죠. 많은 책에서는 그렇게 말씀하시지만 저는 새벽에 도저히 못 일어나겠더라고요. 새벽에 어쩌다 한번 일찍 일어나면 하루 종일 몽롱했어요. 그리고 김 대리님도 학원이나 헬스도 다니잖아요. 수면이 많이 모자랄 것 같은

새벽독서의 힘

데요."

"그래서 저도 학원가고 헬스 가는 시간을 새벽 시간으로 바꿨지요. 처음에는 기상하려는 욕구와 더 자려는 욕구가 싸워서 많이 힘들었어요."

"새벽에 일찍 일어나려면 저녁에 일찍 자야한다는 것을 점점 알겠더라고요. 그래서 요즘은 퇴근 후 일찍 집에 가서 10시에서 11시까지는 잠이 들도록 합니다."

김 대리는 새벽형 인간이 되었고 하루를 활기차게 시작하고 업무 능력도 향상되어 늘 주변 사람들의 칭찬을 받고 있었다. 최 대리는 마음이 흔들렸다. 자신도 주변에 인정받고 칭찬받고 진정으로 자신을 개발하려고 하였다. 최 대리는 김 대리의 도움으로 저녁형 인간에서 새벽형 인간으로 서서히 변해 갔다. 학원이나 헬스도 아침으로 바꾸고 저녁에는 회사 마치면 꼭 필요한 자리 아니고는 일찍 집에 들어갔다. 처음에 집에 가서도 무엇부터 해야 할지 몰라 두리번거리고 있었다. 그러다 책장에 꽂혀 있는 책 중에 눈에 드는 책 한 권을 찾아 읽기 시작했다. 최 대리는 책을 읽기 시작했고 책을 읽으면서 마음이 희망으로 차올랐다.

"그래, 이렇게 패턴을 바꾸는 거야. 그러면 나도 더 멋진 내가 될 수 있을 거야."

일찍 자니 새벽에 알람소리 듣고 일어나기가 훨씬 쉬웠다. 그래서 그는 또 새벽독서를 하고 헬스장에 갔다가 영어학원에 갔다가 다시 회사로 출근한다. 최 대리는 아침에 벌써 여러 가지 일을 하고 좋은 기분으로 회사를 가서 처음으로 문을 연다. 그 기분이 묘했다. 좋은 기분으로 시작된 하루가 하루 종일 좋은 분위기를 만들어갔다. 그는 업무에서도 더 잘 집중됨을 느끼면서 하루가 너무 행복했다.

"전에는 왜 이런 것을 느낄 수가 없었을까?"

"시간 관리를 이렇게 하는구나. 다른 사람보다 먼저 시작하는 하루로 시간 관리를 하는구나."

그는 내심 기뻤다.

조선시대의 이순신 장군을 모르는 한국 사람은 없다. 이순신 장군은 1545년 무과병과로 급제하여 관직에 나갔으나 늘 미관말직으로 지냈다. 그러다 전라좌도 수군절도사가 되고 임진왜란 때 적선 30여 척을 격파하고 이어 사천에서 거북선을 처음 사용하여 적선 13척을 분쇄한 이래 총 23회 해전에서 단 한번도 패하지 않은 민족 영웅이다.

이런 이순신 장군이 되기까지 그는 시간 관리를 철저히 하여 독서를 하고 자신을 갈고닦았다. 늘 국가와 민족을 구하겠다는 목표로 애타는 애국심을 가졌다. 그는 장부로서 세상에 태어나 나라에 쓰임을 받는다면 죽기까지 최선을 다하며 그렇지 않으면 들에서 농사짓는 것으로 충분하다고 한다. 이순신 장군은 지식과 지혜를 얻기 위해 늘 책을 끼고 다녔다. 책을 읽으면서 집중과 몰입을 하고 자기 지식으로 만들기 위해 애썼다. 지식을 쌓는데만 능한 것이 아니라 늘 전쟁에 임할 준비를 하였다. 늘 일본의 시세를 주시했다. 그는 철저하게 배우고 익히고 미리 계획하고 준비하여 거북선을 만들고 명랑대전에서 역사에 남을 승리를 거두었다. 또 많은 책을 읽으면서 겸손을 배웠고 언행이 일치하도록 노력했다.

새벽독서하는 것은 정말로 재미있고 즐겁다. 늦게 시작한 독서라 그런지 책에 더 애착이 가고 하루 종일 책만 읽었으면 좋겠다는 마음이 든다. 남편과 여러 가지 문제가 있을 때 어린애 다루듯이 달래도 보고 칭찬도 해보고 또 어떤 때는 화도 내보고 했다. 그런 방법으로는 남편과 화해할 수 없었다. 독서를 하면서 책에서 해결 방법을 찾고 책 내용대로 실천해보면서 여러 번 위기를 면한 적도 있다. 책 속에서 배운 대로 남편을 대하니 남편과도 쉽게 화해할 수 있었다.

독서는 나를 지혜롭게 하며 인내하게 하며 시험을 이길 수 있는 힘을 준다.

더 많이 생각하게 하고 더 긍정적으로 문제를 바라보게 한다. 이왕 목숨 걸고 하기로 한 독서를 내 체질인 새벽형 인간체질에 맞춰 새벽 시간을 이용하면 집중도 더 잘 된다.

지금은 40대, 인생 2막을 준비해야 되는 것을 알고 있으면서도 자기계발을 하지 않으면 그 훗날이 걱정되고 염려된다. 다른 사람들 다 잘해 나가나는데 나만 뒤처지는 것 같다. 주변에 많은 어르신들 보면 노후준비가 전혀 안 된 상태에서 노후를 맞이하는 모습이 너무 안쓰럽다. 또 어떤 이들은 자식한테 재산을 다 넘겨주고 본인들은 쓸쓸한 노후를 맞는 것도 주변에 있는 일이다. 나는 저들을 보면서 젊을 때 무엇이라도 준비해놓아야겠다는 결심을 한다. 그럼 어떻게 노후를 준비해야 하나? 나는 답이 없다. 그러나 책에는 답이 있다.

『마흔의 돈 공부』, 『50부터는 인생을 바꿔야 산다』, 『마흔 이후 어떻게 살아야 하는가』, 『처음 인생 2막』, 『인생 2막』, 『인생 2막 두 번째 직업』, 『인생 2막 산촌 귀농 어때요』, 『인생 2막 멘토들』, 『인생 2막 어떻게 살 것인가』, 『인생 2막 이렇게 준비했다』, 『행복한 인생 2막 지침서』, 『나이듦수업』, 『마흔부터 시작하는 월 300만원 노후자금 만들기』 외에도 수많은 책이 있다. 노후를 위한 책 10권만 봐도 노후 준비를 할 수 있다. 이렇게 많은 책이 우리 노후를 잘 살아가도록 도와주고 있다. 이런 책 중에서 자신에 맞는 지식을 자신의 것으로 취해 지금부터 나이 든 삶을 위하여 노력하고 준비하면 인생 2막도 두려울 것 없다.

　지금 나이에 준비 하지 않으면 나중에 너무 후회할 것 같아서 시작한 독서, 내가 느낀 재미를 그대도 느껴봤으면 좋겠다. 이 책을 읽는 그대도 의지를 가지고 독서를 시작하라. 지금 바로 손에 잡히는 한 권을 읽으라. 한 권 다 못 읽어도 괜찮다. 다 못 읽으면 내일 또 읽으면 된다. 일단은 의도적으로 책 한 권을 다 읽어보자는 마음을 먹고 한 페이지부터라도 읽기 시작하여 시간이 지나서 한 권을 다 읽고 작은 성취감을 누려보자. 한 권을 읽으면 두 번째 책도 읽을 수 있다.

독서하기에
늦은 때는 없다

사람을 강하게 만드는 것은 하는 일이 아니라 하고자 하는 노력이다.
- 어니스트 헤밍웨이

어느 날 핸드폰으로 웹툰 광고가 나온다. 나는 무심결에 링크를 따라 들어가서 웹툰 순정만화, 소설을 접하게 되었다. 남들은 10~20대에 많이 보는 순정만화를 나는 40대에 보고 있었다. 순정만화 시리즈전체 를 구매해서 밤새도록 다 보면 또 다른 시리즈가 보고 싶었다. 늦은 나이에 순정만화 시리즈를 보면서 점점 부에 대해 눈을 뜨기 시작했다. 내가 본 웹툰은 대부분 재벌2세 남자와 평범한 여자와의 로맨스 이야기였다. 로맨스 이야기는 내가 부자들의 성격, 행동을 연구하고 분석하도록 만들었다. 웹툰에서 보는 부자들은 부자의 당당함과 부자의 마인드, 이기는 자의 마인드, 언제나 부자의 습관을 갖고 있고 성격은 또한 냉철함에 민첩한 판단력을 갖고 또 어떤 중대한 판단을 할 때는 신속하고 자기주장이 분명하며 또 주위사람들에게 흔들리지 않는다. 상대한테 자신의 아무것도 빼앗기지 않고 자신이 사랑하는 사람이나 물건을 지키기 위해 최선을 다하고 자신의 일에 최선을 다하고 끝까지 이기는 성품을 갖고 있다. 꼭 필요할 때는 돈 자랑도 하면서 말이다.

그중에서 제일 감명 깊게 읽은 것은 『총수』라는 웹툰이었다. 『총수』는 천무덕이라는 23세 조폭 두목의 이야기를 주제로 하여, 액션, 로맨스를 다 가진 멋진 만화였다. 이 만화 중에 천무덕은 바로 내 마음을 사로잡았다. 그는 뼛속까지 이기는 자이고 총수의 마인드로 살아간다. 모든 일에 냉철하고 분별력이 빠르고 판단이 빨랐다. 그는 늘 승리하는 결과만 얻었다. 그에게는 패배도 당당히 맞서고 딛고 일어나는 힘도 있었다. 천무덕은 너무나 멋진 사람이었다. 부자의 마인드로 살아가는 그는 늘 긍정적이었다. 나는 이 만화를 보면서 나도 웹툰 작가가 되었으면 좋겠다고 생각했다.

이 만화를 보면서 나는 또 몰입과 집중이라는 개념도 알게 되었다. 당시는 내가 직장 다닐 때였고 저녁 9시쯤에 퇴근하였다. 씻고 저녁마다 보면서 밤을 샐 때도 있었다. 하루는 새벽 5시까지 만화를 보고 이튿날 출근을 하였는데도 회사에서 오히려 그 내용에 빠져 다음 내용이 궁금하고 전혀 피곤하지 않음을 느꼈다. 나는 내가 좋아하는 일을 하니 피곤하지도 않고 마음이 긍정적으로 바뀌어 하루가 즐거웠다. 집중과 몰입을 경험하면서 나중에 책읽기를 시작할 때는 집중하고 몰입할 수 있는 그 힘이 큰 도움이 되었다.

많은 사람들은 독서하면서 자기계발을 하느라 바쁜 나날을 보내고 있다. 그들은 더 나은 삶과 인정을 받기 위해 몸과 마음과 정성을 쏟아붓는다. 그들은 몸값을 높여 더 나은 삶을 추구하고자 한다. 반대로 주변에 보면 책읽기를 못하는 사람들이 또한 많다. 물론 저들도 자기계발을 해야 하는 것을 알고 있다. 그들도 새해 시작부터 자기계발을 하려고 독서 계획을 세운다. 그런데 이런 계획들이 다 작심삼일 만에 끝나고 어영부영, 삶은 나태하고 귀찮고 편안한 상태로 돌아간다. 그들은 본인들이 게으른 줄을 생각하지 못한다. 나름대로 열심히 살고 부지런하다고 생각하는 사람들이다. 나이 40 넘으면 특히 더하다. 자녀들이 커가고 이제 중학교, 고등학교에 진학해야하고 자녀들에게 돈도 많이 들어가는 시기다. 아파도 안 되고 쉬어도 안 되는 40대이다. 위로는 어른들, 아래로는 처자식 책임져야 하는 가장들은 하루하루 직장으로 나가는 삶에 어깨가 무겁고 힘든 하루하루를 보낸다. 그래서 나도 남편에게 묻는다.

"지금 이렇게 힘든데 더 나이 먹은 50대는 어찌할 거예요?"
"지금처럼 살면 되지."
"지금 빚에 허덕이는 삶이 싫어요. 50대 이후에는 지금보다 더 나은 삶을 살고 싶어요."

"우리는 지금도 괜찮게 살고 있어. 우리보다 못 사는 사람들이 많아."

"그래도 미래가 불안하잖아요. 책도 좀 읽으면서 자기계발도 해봐요."

남편도 자기계발을 해야 한다는 것을 알고 있다고 한다. 그러면서도 내가 정말 좋은 책이 있다고 읽어보라고 해도 책을 읽지 못한다. 핸드폰으로 유튜브나 보고 게임이나 하면서 책은 정말 못 보겠다고 한다. 남편은 현실 생활에 안주하고 더 큰 이상도 욕망도 없고 그냥 안일한 지금이 좋은 것 같았다. 나는 이런 상황을 늘 바꾸고 싶었다. 남편이 바뀌어 책을 좋아하고 무엇이든 용감하게 도전하기를 바랐다. 남편이 먼저 도전하고, 먼저 바뀌면 나도 남편에 맞춰 바뀌어지기를 바랐다. 항상 내가 주체가 아닌 남편이 우리의 삶을 이끌어가기를 원했다. 하지만 독서를 하면서 점차 나를 바꾸는 것이 남편을 바꾸는 것보다 더 쉬운 일이라는 것을 알게 되었다.

농사를 지으면서 경제적인 어려운 삶에서 벗어나보고 싶어서 『마흔의 돈 공부』라는 책을 읽었다. 내가 40대여서 책 제목에 매료되었다. 저자는 40대에 10억의 빚을 지고 우연한 기회에 책을 접하면서 책을 읽기 시작했고 인생 2막을 준비하는 사람으로서 책에 빠져서 다독할 수 있었다. 다독하면서 마음의 힘과 아이디어가 생기면서 빚을 다 갚고 성공하게 되는 스토리였다.

당시 빚이 큰 산이 되어 나를 짓누르고 있었다. 빚에 치여 허우적대며 힘들게 살던 나는 이 책의 내용이 내 상황과 비슷해서 위로를 받을 수 있었다. 이 책을 3번 연속 반복해서 읽으면서 빚에 대한 내 마음이 긍정적으로 바뀌기 시작했다. 우리 부부의 빚이 단희쌤보다 적었던 것과 우리는 두 사람이고 단희쌤은 혼자였던 것을 생각하면, 우리 가정의 빚은 노력하면 2~3년 안에 충분히 갚을 수 있는 정도의 금액이라는 것을 깨달았다. 빚에 대한 생각을 바꾸자 빚은 더 이상 나를 짓누르지 못했다. 우리도 갚을 수 있다는 용기가 생겼다. 책은 사람의 관점과 생각을 바꾸는 힘을 가지고 있다.

내가 아는 지인은 나이 52세에 간호사 시험에 합격하고 간호사가 된 분이 계신다. 그는 나이 48세에 많은 양의 독서를 하면서 간호사 시험을 준비하였다. 그는 처음에 자녀나 조카뻘 되는 사람들과 어울리면서 그 사람들을 자식이나 조카처럼 대하였다. 그는 사실 처음에는 어린 사람들과 어울리지를 못하였지만 이내 사고를 바꾸었다. 자신이 선배가 아닌 동기라는 사실을 깨닫고 젊은이들을 동기로 대하니 동기들과 친구로 어울려 살 수 있었다. 그는 열심히 4년제 대학을 수료하고 꿈에 그리던 간호사가 되었다. 그는 간호사가 되어서 일하면서 틈틈이 책을 쓰기로 하였고 이제 책도 계약하여 얼마 지나지 않아 출간하게 된다. 그는 출근하면서도 많은 책을 읽고 쓰는 사람으로 거듭나면서 사람들에게 외친다. 독서하기에 절대 늦은 나이는 없다고 말이다.

새벽독서의 힘

40대는 책읽기 좋은 나이다. 이때는 우리의 노후를 준비하는 데 도움이 되는 책을 읽어야 한다. 전문성을 키우는 분야의 책을 읽고 자신이 그 분야의 전문가로 거듭날 수 있도록 집중해야 한다. 40대 독서는 의지를 앞세우는 성숙한 독서여야 한다. 그러기 위해서는 새벽 시간을 활용하고 집중적으로 독서를 하여야 한다. 새벽 시간에 독서하는 것은 우리의 의지와 습관을 바탕이 되므로 그 무엇보다 중요하다. 이미 우리는 어린아이나 젊은이가 아니다. 확고한 목표를 세우고 한 가지씩 차근차근 배우는 지식을 넓혀가고 독서의 바탕이 탄탄해져야 한다. 읽는 책들에 나의 감정을 이입하면서 저자의 입장에서 생각해보고 저자의 지혜와 용기와 기술을 통하여 내 삶을 더 풍성히 하여야 한다. 한 분야의 책을 최대한 많이 접하고 목숨 걸 각오로 책을 읽는다면 이미 우리는 성공으로 향하는 길을 가는데 더 가까이 접근하고 있다.

자, 책 한 권 못 읽던 사람일지라도 '나는 이제부터 책읽기 시작한 사람이야.' 하고 자신 있게 한번 말해보자. 책 한 권 읽은 거 가지고 뭐 그리 떠드느냐는 사람도 있겠지만 분명 책 한 권 읽은 것은 독서를 시작한 것이다. '시작이 반이다.'라는 우리나라 속담을 생각해보라. 책 안 읽던 사람이 책 한 권을 읽고 또 한 권을 읽으면 두 번째 책도 의지만 가지면 첫 번째 책처럼 읽어 나갈 수 있다. 그렇게 10권, 100권, 1,000권, 10,000권을 읽을 수 있는 첫 발을 내 디뎠는데 당연히 대단하지 않은가?

독서는
나를 배신하지 않았다

인생에는 어떤 식으로 살라고 누가 정해놓은 규칙이 있는 게 아니다.
중요한 것은 나에게 맞는 삶의 방식을 찾아내는 일이다.

– 미하이 칙센트미하이

앞에서 말했다시피 우리 가정은 농사를 짓는다. 늘 힘들고 늘 경제적으로 어려운 형편에 우리 부부는 다툴 때가 많았다. 서로가 피곤하고 삶의 무게가 누르다 보니 스트레스를 많이 받았던 것 같았다. 쉴 시간도 없이 남편은 농사일과 용접현장 관리자를 겸하고 나는 직장과 농사를 겸하면서 평일에는 직장에 다니고 주말에는 밭에서 살면서 젊은 나이에도 정말 잘 살아보려고 치열하게 살았다. 하루도 쉬지 않고 수고하기에 농사가 잘될 것이라고 믿었다.

새벽독서의 힘

그러나 농사는 사람의 마음만으로 되는 게 아니다. 특히 인삼은 땅속에 묻혀 있는 작물이라 땅속에서 어떻게 되어 가는지 모른다. 가끔씩 파보기도 하지만 마음에 들지 않는다. 뿌리가 썩어가고 있었다. 게다가 연근수가 길수록 썩는 율이 많고 수확기에도 판매 루트가 아직 개발되지 않고 소매로 팔 능력도 안 되니 장사꾼들한테 헐값으로 넘긴다.

그럴 때면 속에서 천불이 난다. 5~6년(준비기간 1~2년, 4년 근 혹은 5년 근) 이렇게 긴 세월 동안 자식처럼 열심을 다해 보살펴도 장사꾼들에게 헐값으로 팔아 돈은 쥐지만 4년 동안 고생에 비하면 턱없다. 그럴 때면 힘 빠지고 지치고 삶에 회의를 느낀다. 이 길이 아닌 것 같다. 어찌 보면 부와는 점점 더 멀리 등지고 가는 것 같다.

그래도 남편은 인삼 농사를 포기하지 않으려 한다. 나는 혼자서 밭에서 풀을 맬 때면 너무 서러워서 울 때도 있다. 이 남자를 만나서 더 잘 살고 싶었고 더 행복해지고 싶었는데 이렇게 미래가 보이지 않는 일을 계속 고집하니 정말 속이 터질 것만 같다. 늘 다음 해의 농사를 준비를 해야 하고 농약, 비료를 농기계수리를 외상으로 하니 깨진 독에 물 붓듯이 아무리 노력을 해도 성과가 없다. 빚은 날로 늘어만 간다. 아이들이 이거 사달라, 저거 사달라 할 때마다 돈 없어 못 사준다고 한다. 이럴 때면 더욱 가슴이 미어지는 것 같다.

이런 와중에 나는 사기에 말려든다. 세월호 사건 이후로 TV를 보지 않는 나는 세상 물정을 모른다. 어느 날 카톡에 외국인이 친구 하자고 연락 온다. 나는 외국인이 한국어로 채팅하는 것이 신기하고 나 같은 사람을 어찌 알았는지도 신기했다.

요즘같이 인터넷이 활짝 열린 시대에 이런 것들을 신기해하는 자체가 우습다. 그 사람하고 연락하다가 그 사람이 예멘에 주둔한 미군 사령관이라 한다. 하루는 반란군과 전쟁을 하는데 기도해달라고 한다. 외롭던 나에게 친구가 되어줘서 고마웠고 전쟁을 한다고 하니 기도는 해줄 수 있다고 기도를 해줬다. 그리고 며칠 후 전쟁에서 승리했는데 병사들이 몇 명 사망하고 여러 명이 상처 입었다고 한다. 그래도 나는 그분이 무사해서 고맙다고 기도했다.

그는 전리품을 1억 달러를 확보했는데 장군들과 나누어서 자기 앞으로 500만 달러가 차려졌다고 했다. 본인은 그것을 자신이 평생 고생한 대가라고 하면서 꼭 챙겨야 한다고 했다. 그는 예멘은 전쟁 중이라서 위험하다고 하면서 예멘에서 퇴직 후에 미국이 아닌 한국에서 살고 싶다고 한다. 그러면서 나보고 전리품 500만 달러를 한국에서 받아주면 수수료를 준다고 했다.

나는 나 자신이 성실하다고 믿으면서 받아준다고 했다. 받아주고 수수료 받아도 내가 원하는 1억 이상은 안 주겠나 싶었다. 1억 원을 받으면 빚을 갚고 새롭게 시작할 수 있을 것 같았다. 그때 국제 택배회사 직원이라면서 한

새벽독서의 힘

사람에게 연락이 왔다. 그 사령관이라는 사람이 물건을 보내는데 물건을 비행기 태우려면 7,000달러가 필요하단다. 빨리 부쳐주면 2일 이내에 물건을 받을 수 있다고 했다. 그래서 혼자 고민하다가 대출을 받아서 7,000달러를 보내줬다. 나는 그 일이 잘 이루어질 줄 알았다. 그런데 7,000달러를 부쳐주고 3일이 지나도 택배가 안 왔다. 그래서 그쪽 택배 회사원에게 물어봤다. 그러자 그는 돈이 금액이 커서 20,000달러의 보험료가 필요하다고 했다. 나는 7,000달러도 대출받아 겨우 줬는데 20,000달러가 어디 있으랴. 그래서 안달이 나고 그때에야 사기인 줄 알았다.

이때 남편이 그 일을 알게 되었다. 우리는 이혼 위기에 몰렸고 그때부터 남편은 집에 들어오는 시간이 늦어졌다. 2개월도 넘게 새벽 2~4시까지 술 마시고 들어왔다. 2시간 자고 이튿날 또 일하러 가는 삶이 반복됐다. 나는 남편한테 미안했다. 나 때문에 남편이 방황하고 있다고 생각하니 나는 내 스스로에게 분노하기 시작했다. 내가 무능하고 내가 죽어야 마땅하고 내가 없어져야 당연하다고, 쓸데없는 인간이 왜 아직까지 살아서 숨을 쉬고 있는지, 스스로에게 너무 화가 나고 삶은 피폐해졌다. 남편의 모습을 보면서 날마다 잠도 안 오고 늘 두통으로 견디기 어려운 하루하루 살아가고 있었다. 자연히 자녀도 귀찮고 정말 죽고 싶은 마음밖에 없었다.

그러나 나는 죽고 싶어도 죽을 수가 없었다. 나는 일찍 아들을 교통사고로 잃은 부모님이 나의 죽음을 보는 것을 차마 상상할 수가 없었다. 그렇게 되면 부모님이 너무 불쌍할 것 같았다. 동생을 잃은 지 20년이 되어가지만 부모님은 늘 슬픔 속에서 살았다. 그러다가 내가 결혼하고 첫 아이를 낳고 나서야 부모님은 웃기 시작했다. 불쌍한 부모님을 더 이상 울게 할 수 없었다.

아무리 혼자서 머리를 싸매고 생각해도 어찌할 방법이 없었다. 새벽 2시가 되면 잠에서 깨어나 멍하니 앉아 있다가 또 자책하며 괴로워했다. 나는 나 스스로가 걸어 다니는 시체 같았다. 스스로 '나는 없다'라고 자기부정을 하면서 도저히 참된 '나'를 찾을 수가 없었다. 왜 살아가는지, 무엇을 위해 살아가는지 나는 알 수가 없었다. 생기라고는 어디서도 찾을 수 없었다. 나는 내가 싫었고 남편이 싫었고 자녀가 싫었고 세상이 싫었다. 정말 자고나면 그냥 숨이 끊어지기만을 기다렸다. 그런데 내가 바라는 허무한 일은 일어나지 않았다. 이튿날 되면 나는 또 숨을 쉬고 또 하루를 살아가기 시작했다.

나는 하나님께 분노를 토한다. 병원에 많은 사람이 살고 싶어 안달인데 왜 그들은 데려가고 아무 쓸모없는 나는 숨을 쉬게 하고 이렇게 힘들게 하냐고 악다구니를 하였다. 잠이 오지 않으니 저녁 늦게까지도 멍하니 있고, 새벽에도 잠이 오지 않아 멍하니 있었다.

어느 날 새벽 2시쯤 내 눈에는 『성경』이 보였다. 그냥 잡고 읽었다.

새벽독서의 힘

"여호와께서 말씀하시되, '오라, 우리가 서로 변론하자. 너희 죄가 주홍 같을지라도 눈과 같이 희어질 것이요, 진홍같이 붉을지라도 양털같이 되리라.'" (이사야 1장 18절)

"미련한 자의 생각은 죄요, 거만한 자는 사람의 미움을 받느니라." (잠언 24장 9절)

"욕심이 잉태한즉 죄를 낳고, 죄가 장성한즉 사망을 낳느니라." (야고보서 1장 15절)

그렇게 『성경』을 읽으면서 나는 회개하기 시작했다. 나는 나의 미련함과 어리석음에 대하여, 나의 욕심에 대하여 또 남편에게 잠시나마 벗어보고 싶었던 미안한 마음을 하나님께 눈물로 회개하고 하나님이 용서해주셨다는 느낌이 들면서 마음이 평안해지고 나의 죄를 용서받았다고 믿었다. 그때부터 나는 하루 한 장씩 『성경』을 쓰기로 했다. 『성경』을 쓰면서 내 죄를 사함받고 지혜 없는 내가 지혜를 배우고 아픈 나를 치유하기 시작했다. 무엇이라도 하는게 좋았다. 마음에 분노가 가라앉고 우울함이 치유되어가기 시작했다. 그러면서 차츰차츰 책도 한 권씩 읽기 시작했다.

이때 나의 마음을 잡은 책 한 권이 있다. 『더 해빙』이다. 『더 해빙』을 읽으면서 그동안 왜 삶이 바뀌지 않았는지를 알게 되었다. '있음'에 집중해야 하는데 우리는 늘 '없음'에 집중하고 살았다. 마치 내 머릿속에 있는 스위치를 켠 것 같았다. 이제부터라도 내가 갖고 있는 것에 집중하자. 사기를 당했더라도 아직은 남아 있는 게 있었다. 10원이라도 있어서 감사하자. 힘들고 어려울수록 감사하자. 갖고 있는 것에 감사하자. 아직 부부관계가 끝나지 않았다는 것과 자녀 3명이 있는 것에도 감사하자. 이렇게 스스로 마음을 잡아준다.

이때 또 나를 놀라게 한 책은 『허공의 놀라운 비밀』이다. 이 책은 〈한국책쓰기코칭협회〉(이하 〈한책협〉) 김태광 코치님이 소개해주신 책이다. 이 책은 너무나 놀랍다. 내가 살아가는 이유를 이 책에서 알게 되었다. 나는 왜 살아야만 하는지 몰랐다. 사기로 인해 찌그러지고 움츠러들었고 자존감이 바닥이 되었다. 하지만 이 책을 보면서 창조주 하나님이 나를 사랑하신다는 것을 깨달았다. 하나님은 나를 이 세상에 귀한 존재로 창조하셨고 나 같은 사람에게도 창조주가 원하는 뜻이 있다. 나는 원래 하나님의 형상으로 만들어졌는데 스스로 내가 만든 한계의 감옥에 나를 붙잡아두고 제약하고 있었다. 나는 하나님(창조의 근원)과 하나이고 그의 일부이며 나의 존재가 얼마나 놀라운지를 깨달았다.

그러면서 네빌 고다드의 『상상의 힘』, 『믿음으로 걸어라』, 『세상은 당신의 명령을 기다리고 있습니다』, 『네빌링』, 『네빌 고다드의 5일간 강의』, 웨인다이어의 『확신의 힘』, 조셉 머피의 『나안의 나』, 그 외에도 『수호천사』, 『지금 이 순간을 살아라』, 『신과 나눈 이야기』, 『죽음』, 『내가 임사체험 후 깨달은 것』,

『초인들의 삶과 가르침을 찾아서』, 『우리는 신이다』 등 의식에 관한 책들을 읽기 시작했다. 그러면서 나는 죽음 이후의 세계, 영적인 세계에 눈을 뜨기 시작했다. 의식 상승에 관한 책은 내가 『성경』에서 보지 못한 것을 보게 하고 나의 의식이 신과 하나임을 깨닫게 되고 날마다 의식을 고양시켰다. 나의 존재의 귀중함을 깨닫고 바닥난 자존감이 점점 세워지기 시작했고 나를 차츰차츰 사랑하기로 했다. 나는 이런 부류의 책을 읽으면서 너무나 행복하고 즐거웠다.

〈한책협〉 김태광 코치는 늘 제자들에게 의식이 먼저라고 가르치신다. 그리고 수많은 제자가 스스로 '나'를 제약하는 힘에서 벗어나 작가되고 강연가가 되고 코치되어 사회에 많은 선한 영향력을 끼친다. 그들도 처음에는 글쓰기를 못했던 사람들인데 의식 상승하고 글쓰기를 한 사람들이다. 선배작가님들의 성공사례를 보면서 후배작가들도 의식 상승을 위주로 하여 책쓰기에 도전하고 있다.

나의 존재 이유를 알고 나의 위치를 알게 되니 삶이 죽지 못해 살던 삶에서 힘차고 활기차기 시작했다. 얼어붙었던 가슴이 다시 뜨겁게 뛰기 시작하고 꿈도 가지는 일이 생겼다. 다른 사람들은 이 나이에 무슨 꿈이냐 할지 모르지만 나는 죽을 때까지 배우고 도전하는 사람들이 멋져 보인다. 나도 죽을 때까지 책을 보고 배우고 또 내 이름으로 책을 쓰고 싶은 욕망이 일어난다.

죽었던 내가 다시 살아났다. 나는 지금 이 순간이 행복하고 사는 게 즐겁다. 사기당한 것으로 돈을 잃었지만 독서로 인해 찾은 이 행복이 오래가고 끝까지 가기를 바라면서 꾸준히 독서를 하면 행복하게 살아갈 수 있다고 믿는다.

나는 이제 책 읽는 것이 너무 좋다. 나에게 날마다 새 힘을 주고 세상 무엇이든 다 가진듯한 기쁨이 넘친다. 독서에 미쳐서 시간 가는 줄도 모르고 온 마음은 독서에만 집중되었다. 사기당해서 생긴 우울증이 독서에 집중하면서 사라졌다. 우울할 시간이 없었다. 독서의 재미를 알고 나서 날마다 행복한 나만의 시간을 기다리면서 하루를 설렘으로 시작한다.

새벽독서의 힘

새벽독서는
이렇게 시작되었다

당신이 내일 아침에 오늘보다 더 나은 사람이 되어 깨어나고 싶다면,
잠들기 전에 책을 펴고 단 3장이라도 읽어라.
– 오프라 윈프리

직장 다니면서 대출받아 사기당한 사건으로 노예적인 직장 생활을 하면서
아침 8시부터 저녁 9시 퇴근하는 것이 정상적인 것처럼 삶이 바쁘고 늘 시간
에 쫓긴다. 아이들 방학 때 어떤 날은 아침 6시, 7시 출근도 잦았다. 저녁에는
10시, 11시에 퇴근했다. 저녁에 퇴근해서 설거지하고 집 치우기가 힘들어 졌
다. 그래서 미루어 다음 날 새벽에 일어나 독서 대신 밀린 설거지를 하고 집
치우고 청소하고 아침식사를 준비하면서 직장 생활을 하였다. 이렇게 빡세게
일하면 한 달 월급이 300만 원 정도 된다. 날마다 직장에 15~16시간 매여 살
면서 현대판 노예로 변화해갔다. 저지른 잘못으로 힘들다는 소리도 못한다.

그저 기계같이 일만하면서 살아간다.

1년 동안 다녔던 회사를 그만두게 하는 일이 생겼다. 어머님이 뇌종양이라는 진단을 받는다. 남편과 상의하고 어머니가 뇌종양 수술을 받으면 내가 돌봐야 된다고 생각하였다. 그래서 회사를 그만두고 요양보호사 학원에 다니며 요양보호사 자격증을 따려고 계획했다. 회사에 사직서를 내고 노예생활에서 탈출하였다. 나는 요양보호사 공부를 하면서 다시 새벽독서를 하면서 농부의 삶을 살아갔다. 학원에 하루 8시간씩 가서 공부하고 주말에 농사일 거들었다. 학원 다녀서 45일 되어 시험치고 시험 후 3주 후 합격 소식이 있었지만 자격증 나오기까지 한 달 이상의 시간이 있었다. 그동안 어머님은 수술하시고 퇴원하시고 몸조리를 하셨다. 몸이 어느 정도 회복되어가니 나도 일을 해야 했다. 그리고 고용부의 취업패키지를 통하여 직업을 찾으려 했다.

여기까지 오면서 인내하는 마음을 배웠다. 마음 같아서는 하루라도 빨리 돈 벌러 가고 싶었지만 3주 동안의 취업성공패키지 필수과정을 기다리면서 책을 보면서 급한 마음을 달랬다. 책 속에서 마음의 여유를 찾고 책 속에서 기다리는 힘을 배웠다. 중간중간 알바라도 가고 싶은 마음이 굴뚝같았지만 참고 견디고 버티면서 지금까지 왔다. 나는 여직까지 힘들게 버텨준 남편이 고마웠고 나 자신이 고마웠다. 이제 준비가 다 되었다. 다음 주부터는 요양시설에 일하러 가도록 이야기가 되었다.

새벽독서의 힘

나는 요양보호사를 하면서도 책을 계속 읽으려고 한다. 요양보호사 면접을 다니면서 치매전문가를 선호한다는 것을 깨닫게 되었다. 나는 책 속에서 치매를 배우며 책 속에서 소통하는 방법을 배울 것이다. 마음도 키워 나갈 것이며 세상 보는 시야도 넓히고 싶었다.

치매환자에 대하여 집중적으로 관찰하며 치매환자와 가족과 돌보는 사람과 정책들 여러 가지 배울 것이 많다. 도서관에 가보니 치매를 다룬 책이 몇십 권이 있었다.

첫 책을 쓰면서 많이 울고 많이 힘들었지만 좋은 결과를 이용하여 더 나은 미래를 창조해가는 것이 아름답다. 나는 독서를 하면서 내가 인생에서 모든 것을 결정하는 주체인 것을 깨달았다. 나의 관점이 순식간에 바뀌었다. 생각하고 고민할 여지가 없이 삶의 마인드를 가난한 마인드에서 바로 부자의 마인드로 바꾸기로 마음먹었다.

독서를 하기 전에는 주변상황에 따라 마음이 갈대 같이 흔들리니 마음이 힘들었다. 나는 마음을 다 잡기 위해 읽은 책들로 마음에 쉼을 얻는다. 『미움 받을 용기』, 『나는 죽을 때까지 재미있게 살고 싶다』, 『그냥 살자』, 『1cm 다이빙』, 『내가 원하는 것을 나도 모른다』, 『오늘은 이만 좀 쉴게요.』, 『참 애썼다 그것으로 되었다』, 『최고의 선택』, 『가짜 감정』, 『담백하게 산다는 것』, 『부부가 같이 사는 게 기적입니다』, 『100년을 살아보니』, 『나는 외롭다고 아무나 만나지 않는다.』, 『명리심리학』, 『나는 까칠하게 살기로 했다』, 『인간 조건』, 『장자』, 『맹자』, 『논어』, 『스님의 주례사』 이렇게 한 방면으로 읽고 듣고 하면서 마음이 점차 편안해졌다. 한 책에서 한 가지만 배워서 내 마음을 편안하게 느긋하게 근육을 조금씩 키워 나갔다. 마음에 근육을 훈련시키고 이완시키면서 운동을 하듯이 마음도 흔들리지 않고 단단해진다. 항상 의도적으로 마음을 강하게 단련해야 한다. 마음이 점차 안정되어가니 이제 다른 분야의 책들도 눈에 들어오기 시작했다.

따라서 『성공하는 사람들의 7가지 습관』, 『부의 확장』, 『부의 인문학』, 『언스크립티드』, 『한국의 젊은 부자들』, 『마흔의 돈 공부』, 『습관의 완성』, 『부자의 시간』, 『타이탄의 도구들』 등의 책을 읽을수록 책을 읽는 속도가 점점 빨라졌다. 처음에는 책을 일주일에 한 권 정도 읽었는데, 일주일에 3권 정도 읽고 일주일에 6권 정도 들을 수 있게 되었다. 그렇게 점점 책을 읽고 듣는 양이 많아지기 시작한다. 작은 하나하나에 성취감을 느끼면서 이제는 새벽에 일어나 독서하는 것이 습관이 되어졌다. 아직도 책을 원하는 양만큼 읽지는 못했지만 책읽기가 습관이 되고 생활화되었다는 것에 만족하면서 계속 책읽기에 도전한다. 지금은 책이 나를 편하게 해주고 책 속에 길이 있고 책 속에 문제의 해답이 있음을 알고 있다. 책과 친해져서 책 쇼핑을 하고 날마다 책읽기가 우선순위에 있다.

　　　　　　　　　　　　　　　　새벽독서의 힘

나는 책을 읽고 들으면서 한 가지씩 배워갔다. 책의 전체 내용을 다 기억하고 달달 외울 수는 없지만 한 가지만이라도 배워서 내 삶에 적용한다. 『내가 원하는 것을 나도 모를 때』에서 "행복하기 위해서 지금 내 마음에 귀를 기울여야 한다. 다른 사람의 기준만 좇아서는 결코 행복해질 수 없으니까요. 행복은 멀리 있는 게 아니라 지금 여기에 충실할 때 얻을 수 있다."라고 한다. 나는 이렇게 한 문장만이라도 내 가슴에 와닿고 나를 깨닫게 한다면 나는 그것으로 만족한다. 분명 책 속에는 한 가지 배움만 있는 것이 아니다. 읽다 보면 이 구절 외에도 많은 구절들이 있다. 나는 최소한 한 가지라도 건지면 그것을 내 삶에 적용하여 삶을 바꾸기로 노력한다.

날마다 한 가지씩 조금씩 바꿔가면 멋진 날이 올 것이라고 믿는다. 이것이 내가 독서하는 재미다. 나는 책 속에서 뭔가 한 가지라도 얻으려고 책을 읽기에 의지가 분명하며 목표가 분명하다. 그래서 새벽 시간에 일찍 일어나는 것이 즐겁다. 아무도 방해하지 않는 이 소중한 새벽 시간에 책을 읽지 않고 남들처럼 자다가 쫓기듯이 출근하면 변화가 없다. 소중한 시간을 확보해서 온전히 내 것으로 만들어 나만을 위한 자기계발 시간으로 활용하여 날마다 변하는 모습이 내가 봐도 예쁘다. 나는 이렇게 새벽독서를 하는 내가 자랑스럽다. 더 멋진 날들이 올 것이라고 확신한다.

독서는
변화의 시작이다

독서할 때 당신은 항상 가장 좋은 친구와 함께 있다.

– 시드니 스미스

나는 남편과 결혼해서 시부모님과 한 집에서 살았다. 4년 정도 살다가 작은 시숙 가정 4식구와 함께 살게 되었다. 2개월 정도 함께 살다가 그들이 나갔다. 그리고 몇 개월 뒤에 또 시누이네 식구 3명이 함께 살게 되었다. 연달은 시집 식구들과의 동거는 원래 힘든 삶을 더 힘들게 만들었다. 우리는 시부모님과 분가했다. 시부모님은 1년 정도 딸과 함께 살고 시누이네도 분가했다.

삶이 힘들고 아무런 꿈이 없이 그저 아침부터 저녁까지 드라마 몇 시간을 본다. 아침드라마 새벽 재방송 하는 것부터 본방송 하는 것까지 본다. KBS,

MBC, SBS 돌아가면서 아침드라마 보고, 점심 먹고는 점심 재방송, 저녁에는 또 채널 돌려가며 드라마에 빠져서 살아갔다. 사는 게 재미없다보니 드라마 속 주인공들로 대리만족하고 거기에 감정을 다 쏟으며 사람들 만나면 드라마 얘기로 말을 주고받았다. 그때는 시간이 귀한 줄 몰랐다. 주변 사람들 보면 그 사람을 안다고 한다. 내 주변에는 아무도 책 읽는 사람이 없다. 나도 그들과 어울리면서 뒤에서 다른 사람 험담하고 불평불만하며 살았다. 멋지고 아름다운 삶은 포기한 지 이미 오래다.

어떤 북튜버가 『왓칭』이라는 책을 소개한다. 차례를 보면 『왓칭』은 모든 것을 바꿔놓는다(마음을 바꿔놓는다/지능을 바꿔놓는다/몸을 바꿔놓는다/물질을 바꿔놓는다). 이 책에서는 양자물리학으로부터 시작하여 끌어당김의 법칙이라고, 우주의 법칙이라고, 지금 모든 것은 내가 선택한 결과라고 한다. 내가 이때까지 살아온 것은 내가 원하지 않는 것을 끌어 당겨서 지금의 삶을 만들어 냈다는 것이다. 모든 것이 다 나의 선택으로 이루어진 것이란다.

맞는 것 같았다. 부모님이 농사 짓는 사람한테 시집 가면 고생이라고 그렇게 말리는데도 가정 형편 보지 않고 내 고집 부리면서 간 시집, 내가 어디에 하소연할 수 있을까? 부모님 앞에서는 차마 힘들다고 하소연할 수 없고, 그렇다고 지인한테 얘기해봤자 화살이 되어 다시 나에게로 되돌아와 나를 아프게 했다. 자매라도 있으면 수다라도 떨면서 힘든 삶을 치유받을 수라도 있지만 나는 자매도 없었다. 나에게는 오로지 남편과 자녀와 시집밖에 없었다. 하물며 남편과 시집은 내 편인가?

지금 현재는 아무리 노력해도 바꿀 수 없다. 그것은 이미 내가 지난 과거를 이처럼 되기를 선택했기 때문에 과거의 결과는 내가 감당해야 한다. 지금 생각을 바꾸면 미래는 더 나아진다고 한다. 지금 생각을 부정에서 긍정으로 바꾸면 미래가 바뀐다고? 정해진 망할 운명이 바뀐다고? 나는 미래에는 지금처럼 궁상떨며 살고 싶지 않았다. 이때까지 궁상떨며 살아온 세월이 허무하고 낭비된 것에 대해 후회한다. 나는 정말 미래만큼은 바꾸고 싶었다. 미래에 제일 두려운 것이 나이 들어도 빚진 삶을 살고 또 자식들한테 짐이 되는 것, 우리 시어른들처럼 아무런 노후 준비도 해놓지 않고 늙고 아플까봐 겁났다. 매일을 근심과 걱정과 염려로 내 삶은 좀먹어갔다.

그래, 이때까지 다 내가 선택한 결과라면 이제부터라도 부정적인 사고를 긍정적인 사고로 바꾸자. 최대한 긍정적으로 살아보자. 그런데 이때까지 불평불만하면서 부정적으로 살던 내가 하루아침에 긍정적으로 바뀔 수 있을까? 아무리 노력해도 그때뿐이지 부정적 생각이 늘 나를 덮었다. 어떻게 긍정적으로 살 수 있을까? 책에는 답이 있지 않을까? 책을 많이 읽으면 부정이 긍정으로 변할까? 아직 책을 읽지도 못하는데 책을 언제 몇백 권, 몇천 권 읽을 수 있을까? 어떻게 빨리 그 많은 책을 읽을까? 아무리 생각해도 책을 몇 권 읽지 않은 사람은 답이 없다.

그때 제일 인상 깊게 읽은 책은 『스크루 테이프의 편지』였다. 이 책은 소책자로소 경험 많고 노회한 악마가 자신의 조카이자 풋내기 악마에게 인간을 유혹하는 방법에 대해 충고하는 31통의 편지이다. 그 책을 읽으면서 나는 더욱 하나님을 믿어야지 하면서 교회생활을 더 열심히 하고 십일조에 새벽기도에 수요 기도에 열심을 다 했다. 그 당시 삶이 기뻐지기 시작했다.

종교적인 책과 『성경』을 보면서 내심으로는 마음이 평안한 것 같았다. 그러나 내가 읽었던 종교적 서적은 부에 대하여서는 그리 특별히 다루지 않았다. 나는 내가 가난하기에 가난한 삶에서 벗어나고 싶고 부에 대해 관심을 가졌는데 종교적 서적으로는 만족할 수가 없었다. 또다시 중고 서점에서 부에 관한 책들을 한 박스씩 사들였다. 집에는 점점 책들이 쌓여갔다. 나는 손만 뻗으면 읽고 싶은 책들이 나를 기다리고 있어 너무 행복했다. 마치 뷔페처럼 읽고 싶은 것을 골라가며 읽는 재미가 쏠쏠하다. 중고 서점을 이용하면서도 또 신간을 구매할 필요를 느낄 때 따끈따끈한 신간을 받고 싶은 욕망에 신간을 구매 할 때도 많다.

책을 읽는 게 이렇게 재미있는 줄 몰랐다. 왜 부모님이 우리가 어릴 때 책을 읽으라고 하셨는지 알 것 같았다. 지금 늦은 나이에 책 읽는 재미가 나를 살린다. 나는 날마다 숨 쉬는 게 즐겁고 오늘은 어떤 책볼까? 오늘은 어떤 책 중에서 한 구절 배울까? 한 문장 배울까? 이렇게 새벽이 설레고 흥분된다. 아직까지 특별하게 변화된 것은 눈에 띄지 않지만 내면에는 분명 변화가 일어나고 있다. 삶이 즐겁고 마음에 여유가 있기 시작한다. 늘 긍정적인 생각을 가지고자 애쓰고 다른 사람들 이해하려고 한다. 마음이 힘들 때는 마음에 관한 책을 골라보고 나 자신의 존재가 흔들릴 때는 쉼을 주는 책을 읽고 부부간에 관계가 안 좋을 때는 관계에 대한 책을 읽고 이러면서 나의 살아 있는 존재가 좋아졌다. 책들이 이렇게 좋은데 작가들은 이 책을 쓰면서 얼마나 좋을까? 얼마나 행복할까? 작가가 되면 좋겠다는 막연한 생각이 깊은 곳에서 아주 희미하게나마 스멀스멀 올라온다.

그냥 책을 읽는다는 자체가 행복하고 새벽부터 꾸준히 읽은 결과 일주일에 2~3권 읽을 수 있어서 행복했다. 그렇게 책을 몇 권을 읽었다는 뿌듯함이 생기면서 책을 더 자주 읽고 싶어진다. 화장실에도 한 권, 식탁위에도 한 권, 머리맡에도 한 권, 이것저것 보면서 여러 가지 책을 조금씩 읽어 갔다. 그러니 시간 지나서 각 위치에 있는 책들을 꾸준히 읽으니까 한 권씩 다 읽고 다른 책으로 바뀌어갔다. 그 책들을 다 읽고 나니 한번에 3~4권을 다 읽었다. '한 권도 읽기 부담스러워했던 내가 이제 몇 권을 읽었다.' 하면서 읽은 책 목록을 만들었다. 목록을 보니 벌써 책을 10권 넘게 읽었다. 처음에 그처럼 어렵던 책읽기도 꾸준히 읽어가니 차츰 습관이 되어갔다.

그렇다. 독서는 습관이다. 처음에 시작하는 것이 어렵지, 일단 시작하면 읽기 쉽다. 그 많은 여러 분야에서 내가 배우고 싶거나 관심이 있는 분야부터 읽는다. 40대여서 오직 인생 2막을 위해서 책을 읽는다. 내 삶을 변화시키는 전투적인 독서를 하는 것이다. 많은 책을 보면서 시야가 넓어지고 생각의 크기도 커지며 사고력도 통찰력도 조금씩 커진다. 삶을 변화하고자 하는 사람은 두려워하지 말고 일부러 시간을 내어 책을 가까이하고 책을 읽도록 마음가짐을 가지며 책을 집어 들고 책 제목부터 읽어보자. 그러면 책을 보고 싶은 욕구가 생긴다. 안에는 어떤 내용이 있을까? 호기심도 생긴다. 호기심이 발동하면 안 읽고는 버티기 힘들다. 따라서 자연스럽게 책을 읽게 된다.

목록에 늘어나는 책 제목들 보면서 날마다 환희를 느낀다. 지금 이 책 읽는 여러분도 나처럼 차근차근 책을 읽어 나가길 바란다. 15,000원 정도의 책이 절대 아깝지 않다. 한 권의 책에서 한 가지만 배우자는 상념으로 처음으로 책을 접하는 분들께 독서를 시작하라고 알리고 싶은 마음이다. 책 한 권으로 우리는 시야를 넓히는 한 걸음을 내딛는 것이다. 어떤가? 이래도 책 읽고 싶은 마음이 없는가?

책읽기 어려워하는 사람들에게 나폴레온 힐의 『성공학 노트』를 추천해주고 싶다. 사람들은 누구나 다 성공하고 싶어 한다. 그러나 성공을 어떻게 하는지를 모른다. 이 책을 보면 누구나 읽고 난 뒤 결단하면 성공할 수 있다는 믿음을 가질 수 있었다. 나폴레온 힐 본인이 지독한 가난을 극복하고 성공한 인물이다.

그의 책에는 '나는 매일 모든 면에서 점점 나아지고 있다'라는 문구가 있다. 이 얼마나 읽을수록 자신감이 생겨나는 문구인가? 이 문장은 나폴레온 힐이 성공을 이루면서 느낀 점이다. 이런 명문장으로 많은 사람들이 자기계발서에 매료된다. 읽으면 읽을수록 마음이 들뜨고 행복해지고 자신감이 생겨나고 성공하고 싶은 욕구가 일어난다. 그렇게 된 사람들이 책 한 권만 읽고 말겠는가? 아니다. 가슴이 뜨거워져 절대 한 권만 읽고 독서를 그만두지 않는다. 그들은 나폴레온 힐이라는 저자에 관심을 가지든지 아니면 다른 자기계발서에 관심을 가지든지, 성공과 연관된 책에 더 관심을 가지며 한두 권씩 읽어가게 된다. 그러다 보면 읽어도 그만, 안 읽어도 그만이라는 생각에서 자기계발을 하려면 반드시 독서를 해야 한다는 생각으로 바뀐다.

새벽독서가
나를 변화시켰다

얼굴이 잘생기고 못생긴 것은 운명 탓이나,
독서나 독서의 힘은 노력으로 갖출 수 있다.
– 윌리엄 셰익스피어

유대 민족은 책 읽는 민족으로 세계에서 지혜로운 민족으로 손꼽힌다. 세계 경제의 대부분을 좌지우지하고 노벨상의 많은 분야도 유대인들이 가져갔다. 왜 유대인이 세계 0.1%에 속하는 인구로 세계를 좌지우지할 수 있을까? 그들의 지성과 관계된다. 그들은 어릴 때부터 부모들이 아이들에게 『성경』을 접하게 하며 유대 민족은 뼈아픈 역사를 기억하는 민족으로 책을 소중히 여긴다. 『성경』 구약시대(기원전 5세기)에 느헤미야라는 총독은 도서관이 많고 도서관에는 언제나 사람들이 가득 모여 있다고 말한 적도 있다. 죽어서 묘지에도 책을 놓을 정도로 책을 보물처럼 다루었다. 일반 민중들은 책을 베끼고 책을 사서 공부하기도 했다. 그들은 책이 낡고 글이 희미하여 더 이상 읽을 수 없을 때도 그 책을 구덩이를 파서 파묻었다. 그들은 책을 불사르는 일을 절대로 하지 않았다. 그들은 죽어서도 배움이 끝나지 않음을 안다.

시부모님과 같이 살 때 여러 가지로 마음이 힘들었을 때가 있었다. 나는 교회를 다니면서 『성경』 속 「잠언」, 「전도서」, 「시편」이 사람으로 지혜롭게 한다는 말씀을 들었다. 그래서 나는 「잠언」부터 읽기 시작했다. 「잠언」은 세계 최고의 왕, 부와 명예와 지혜와 재물을 다 누렸던 솔로몬 왕이 후손에게 남겨준 지혜의 말이다. 「잠언」 1장 2~5절에 "이는 지혜와 훈계를 알게 하며 명철의 말씀을 깨닫게 하며 지혜롭게 공의롭게 정의롭게 정직하게 행할 일에 대하여 훈계를 받게 하며 어리석은 자를 슬기롭게 하며 젊은 자에게 지식과 근신함을 주기 위한 것이니 지혜 있는 자는 듣고 학식이 더할 것이요 명철한 자는 지략을 얻을 것이라"라고 나온다. 그래서 지혜를 얻으려고 매일 아침 일어나 「잠언」을 보았다. 「잠언」을 다 보면 「전도서」, 「시편」을 한번씩 돌아가면서 읽었다. 그러니 지겨운 마음이 생겼다. 뜻을 잘 이해 못 한 것도 있고, 의지도 약하고, TV의 유혹도 뿌리치지 못했다.

그때 나에게 의지를 불어넣어준 것은 기독교 방송인 〈극동방송〉이다. 나는 날마다 극동방송을 듣는 것에 목말라 있었다. 듣다 보니 마음에 평안을 느끼게 되고 혼자서 일할 때도 극동방송만 들으면서 나름대로 행복했다. 현실 상황은 변한 것 없이 답답하고 미래가 없지만 혼자 인삼 밭에서 풀을 매는 순간만큼은 행복했다. 극동방송에서 어떤 목사님이 나오셔서 주에 한번씩 기독교 종교서적 소개를 하면서 구매해서 읽어보라고 적극 추천한다. 그 말을 듣고 책을 구매해서 읽고 싶다는 욕구가 솟아났다.

목사님이 소개해주신 책을 일단 한 권 읽었다. 다음 주에는 목사님이 새로운 책을 추천하시기에 다음 주에는 새로운 책을 읽고 싶었다. 책 한 권을 의식적으로 읽으니 일주일 안에 읽을 수 있었다. 그렇게 한 권을 읽으니 다음 책이 기대되었다. 몇 권 읽으니 이제 책이 더 읽고 싶어졌다. 회사를 다니면서 월급 받은 날 중고 서점을 이용해 책을 몇 십 권씩 구매했다. 한번 살 때마다 10권 이상씩 사들여도 신간 몇 권 정도였다. 중고 서적도 책이 최상의 상태를 유지하여 새것같이 깨끗하였다. 책을 한 박스씩 받으니 기분이 묘하게 부자된 것 같았다.

최근에는 E-book으로 된 책을 구매한다. 남편 눈치가 보여서 이런 수단을 이용한다. 남편은 집에 책들이 많은데 자꾸 산다고 뭐라고 한다. 많은 책을 구매해도 꼭 필요한 것이 한두 권씩 있다. E-book으로 구매하면 남편이 책을 구매했는지 모르지만 나는 읽을 수 있어서 좋았다. 디지털머니 10만 원을 충전하면 책을 14~15권 정도 구입하고 읽을 수 있었다. 책이 많아지니 이곳저곳의 책들은 나의 손이 닿기만 기다린다. 그렇게 나에게 선택된 책들은 아주 좋은 경험을 선사하고 건강, 마음 등 많은 분야에서 나에게 필요한 지식들을 가르쳐준다. 그러면서 북튜버들이 추천하는 도서에도 관심을 가지고 도서관에서 빌려보기도 했다.

요즘은 주 5일제 근무를 하다 보니 금요일 저녁부터 많은 사람들이 놀러 다니느라 고속도로는 늘 붐비고 있다. 관광지, 맛집 들을 찾아다니면서 사람들은 행복한 삶을 누리며 산다. 그들 중에 책 읽는 사람들이 얼마나 될까 궁금하기도 했다. 나는 일을 하지 않을 때 도서관에 가서 책을 보고 싶었다. 나는 내 삶을 바꾸어 좀 더 풍요로운 삶을 살고 싶었다. 성공이란 걸 해보고 싶었다. 많은 자기계발서에서 성공한 사람들은 많은 책을 읽었을 뿐 아니라 완전 독서광이라고 했다. 그래서 나도 한 권이라도 더 읽고 싶었다. 책 한 권 중에 한 구절이라도 더 깨달음을 얻기를 바랐다. 책 한 권은 유명한 멘토다. 그분과 직접 만나서 얘기할 수는 없지만 그와의 대화가 이어진다.

노는 날 도서관에 가면 여러 가지 좋은 점이 있다. 도서관에 많은 분야의 책들이 무료로 기다리고 있고 냉난방이 잘되어 여름에 덥지 않고 겨울에 춥지 않으며 도서관에서 책보는 다른 사람들처럼 나도 독서에 집중할 수 있다. 도서관에서는 다양한 주민을 위한 프로그램도 주최하고 있기에 각종 모르던 유용한 주변 정보도 얻을 수 있다. 노는 날 도서관에 가는 것도 습관이다. 이런 좋은 습관들이 모여서 또 다른 나의 무기가 되어줬다.

최근에는 코로나 때문에 아이들이 학교에 가지 않는 날이 많다. 집에서 TV나 핸드폰으로 하루를 보냈다. 일부러 아이들에게 도서관에 다니는 습관을 길러주고 아이들이 집에서 놀고 핸드폰하고 TV 보는 것을 막으려는 의도로 도서관에 갈 때는 아이들에게 늘 같이 가자고 권한다. 나에겐 3명의 아이들이 있다. 내가 먼저 도서 대출증을 만들고 아이들도 다 도서 대출증을 만들었는데 한 사람 당 5권을 빌려볼 수 있었다. 그러면 아이들이 고르고 나머지 빌릴 수 있는 책은 다 나의 몫으로 5권 이상을 빌릴 수 있었다.

책을 보더라도 한 분야, 한 작가의 책을 10권 혹은 그 이상을 읽고 나면 그 분야에 대해 어느 정도로 눈을 뜨고 거의 전문가 수준에 도달한다. 저서가 몇 백 권씩 되는 사람은 10권으로는 분량에 차지 않지만 그 분의 맥락으로 10권외의 책을 읽을 때 빨리 읽을 수 있다.

나는 책을 살 때 90%는 나를 위한 책을 구매하고 10% 정도는 아이들을 위해 책을 구매했다. 아이들을 위해 연초에 100만 원이란 거금을 들여 사놓은 책이 있어서 많이 사지는 않았다. 아이들은 도서관에서 자신이 원하는 책으로 빌려본다. 도서관 나들이도 꾸준히 다니면 탄력이 붙어서 더 자주 다니는데 일 때문에 한두 번 안 다니면 그때부터 아이들은 또 느슨해져서 도서관에 가려고 생각하지 않는다. 집에서 늘 핸드폰과 씨름하는 아이들을 안타깝게 여겨 늘 아이들에게 엄마가 책을 보는 모습을 보여주며 책을 여러 군데 나눠서 놓아둔다. 그러면 아이들은 한번씩 스쳐가며 책 제목을 훑어보기도 한다. 가끔은 막 초등학교 1학년에 입학한 막내딸이 엄마 옆에 와 앉으면서 동화책을 읽기도 한다. 아이들이 조금씩 변해가는 것을 느낄 수 있다.

늘 남편에게도 책을 좀 읽어보라고 얘기한다. 어떤 때는 내가 읽은 책 스토리를 얘기해준다. 어떤 때는 어떤 책이 베스트셀러라고 한다. 얼마나 많은 사람들이 읽는다고 자주 얘기하던 어느 날 남편이 E-book으로 소설을 듣기 시작한다. 남편은 부에 관한 책보다 소설이 좋다고 한다. 날마다 몸을 써서 일하는 남편에게 E-book은 최상의 것으로 채워준다. 남편이 보통 소설을 잘 듣는 것을 알고 나는 남편 핸드폰에 일부러 소설을 다운받아주기도 한다. 나는 독서를 하면서 인문학이 좋다는 내용을 많이 접했다. 가족관계를 비롯한 모든 관계에는 다 사람이 중심이 되기에 인문학으로 지혜를 배우고 미래를 배우며 삶을 배운다. 남편은 인문학 책도 가끔 한번씩 들으면서 사람이 사는 재미를 느낀다.

남편이 그렇게 책을 접하면서 가끔씩 고함지르던 모습도 많이 줄어들었고 말투도 메마르지 않게 된 것 같았다. 남편의 독서는 대체로 청독(듣는 독서)으로 습관이 들었다. 일하면서 책을 듣는 남편도 어느덧 책을 몇십 권을 들었다. 책 한 권 안 보던 남편도 이제는 몰랐던 지식들을 많이 배워 나간다. 남편의 내면에도 동기 부여가 되었다. 남편도 이제 자기계발의 필요성을 깨달아간다. 책의 세계에 점점 빠져든다.

가끔 변해가는 남편을 보면 마음이 뿌듯하다. 언젠가는 남편도 배움의 소중함을 깨닫고 배움의 세계로 발을 옮겨 딛지 않을까 생각한다. 뭐든지 자신이 정말 하고 싶은 분야를 더 배워서 풍요로운 삶을 살아가고, 또 40대 중반인 지금이 오히려 인생 2막을 준비해야하는 시기임을 절실히 깨닫고 배움에 간절한 마음을 가지고 도전하는 모습을 상상한다. 삶에 얽매여 힘든 나날들을 보내면서 새로운 도전을 못하고 있던 남편이 나처럼 책 속에서 풍요로움을 느끼고 배우고 체험하면서 우리의 삶에는 더욱 활력이 넘치게 될 것이다. 남편이 이제까지 가족을 위해 많은 것을 희생하였으니 이제 자신을 위해 꿈을 발견하고 목표를 세웠으면 하는 바람을 가진다.

2장

나는
새벽독서로
삶의 희망을
찾았다

인생 2막,
새벽독서로 시작하라

인생의 하나의 치명적 통증이며 아주 전염성이 강한 통증이다.
- 올리버 웬델홈스

웨인 다이어의 『우주는 당신의 느낌을 듣는다』 중 이런 구절이 있다.

"막 잠에서 깨어났을 때, '순수하고 긍정적인 에너지'에 정렬될 가능성이 가장 큽니다. 그러니 매일 아침 우주와 당신을 정렬하고 당신이 원하는 느낌 속에 머무르세요."

새벽 3시 13분, 이 시간은 우리가 막 자고 깨어났을 때 높은 원반에 우리의 의식을 고양시킬 수 있는 가장 저항이 적은 시간이라서 인간의 의식상승을 위해 아주 중요한 시간이라고 한다. 이 시간에 우리가 원하는 소망을 이미 이루어진 것처럼 상상하면 우주는 우리의 명령인 줄 알고 소원을 이루어주기 위해 바쁘게 움직인다.

또 어떤 책에서는 새벽 시간은 만물이 사회에 접촉하기 전의 시간으로서 꼭 새벽독서를 권한다. 나도 새벽에 일어나서 독서하면서 느낀 점이 있는데 일단은 대부분 사람들이 자고 있어 이 시간에 내가 하고자 하는 일에 완전 몰입할 수 있다. 책을 읽고 필사하면서 나의 의식은 완전히 높은 수준으로 향상된다.

새벽에 보통 5~6권의 책의 일정 분량을 필사한다. 날마다 해야 하는 일로 규정해놓고 날마다 필사를 하니 책의 내용에 집중이 잘되고 눈으로 보고 필사를 하고 다시 카페나 블로그에 올리면 하루 일과가 끝난 것처럼 뿌듯하다. 책의 내용도 기억에 잘 남고 적용할 수 있다. 다른 일 하느라고 아침 필사를 하지 못했을 때 마음은 늘 찜찜했다. 다른 일을 하더라도 늘 해야 할 것을 하지 못하니 신경이 쓰여서 다른 일에도 집중할 수가 없다.

나중에 다른 일 다 하고 필사를 시작하면 새벽에 1시간 30분 할 필사를 2시간 30분~3시간 걸려 필사를 하게 되었다. 미리 계획적인 필사를 다 해놓으면 그때부터 나는 시간을 내가 원하는 것에 사용할 수 있다. 그런데 왜 같은

새벽독서의 힘

분량을 필사하는데 새벽에 할 때와 다르게 일을 하고 나서 필사를 하면 더 많은 시간이 걸리는지 궁금했다. 더 자세히 알고 싶어서 시간과 일상 행동들을 확인해 봤다. 매일 새벽에 필사를 1순위를 했을 때는 아무것도 나를 방해하지 않았다. 온전히 하고 싶은 것에 만 집중하여 할 수 있는 것들을 최대로 동원하여 필사를 하면 자연히 더 빠른 시간 내에 필사를 한다. 그러나 1순위에서 밀려난 후로 낮에 많은 방해가 있어서 온전히 집중할 수 없었던 것이다.

『출근 전 2시간』에서 김태광 코치는 말씀하신다.

"나는 새벽 시간을 활용하기 시작하면서 인생에서 빛이 보이기 시작했다. 비로소 성공이 보이기 시작한 것이다. 그래서 나는 지금 현실에 만족하지 못하는 사람은 새벽형 인간이 되어야 한다고 충고한다."

새벽형 인간 생활을 한 지 3년 만에 첫 책을 내고, 9년 만에 중국과 대만, 태국 등에 저작권을 수출할 수 있었다. 그리고 10년 만에 초등학교 4학년 1학기 도덕 교과서에 글이 수록되었는가 하면, 2011년 경기도 교육청에서 추천하는'청소년에게 영향력 있는 작가'에 선정되었다. 36세의 나이에 110권의 책을 펴내 '제1회 대한민국 기록 문화대상 개인부문'을 수상해 한국 기록원(KRI)으로부터 인증받아 기네스에 등재되었다. 현재 그는 250여 권의 책을 펴내고 1,000명 정도의 평범한 사람을 작가로 양성하였다. 코칭을 받은 사람들은 일주일에서 한 달 만에 원고를 써내고 출판사와 계약하고 책을 펴내고 있다. 그래서 사람들은 그를 '김도사'라고 부른다. 은행원, 한의사, 의사, 유치원원장, 교사, 교수 주부, 대학생 등을 대상으로 책쓰기를 코칭하고 있으며 코칭받은 이들의 책들이 속속 출간되고 있었다. 현재 지방행정연수원 대학교, 기관, 기업 등 다양한 곳에서 성공 학 강사, 책쓰기 코치로 활동하고 있다. 10여 년 전 아무런 존재감이 없었던 그는 새벽 시간 활용함으로 운명을 바꾸었다고 말씀하신다. 당신은 새로운 인생을 시작하기 위해선 무조건 새벽형 인간이 되어야 한다. 하루를 지배하기 위해선 새벽을 지배할 수 있어야 한다. 그래야 새로운 아침, 새로운 인생을 살 수 있기 때문이다.

'아침을 지배하는 사람이 하루를 지배하고, 하루를 지배하는 사람이 인생을 지배한다.'

새벽 시간을 활용하는 사람의 미래는 밝을 수밖에 없다. 새벽을 지배하는 것은 시간을 지배하는 것과 같다. 이 세상에 누가 시간을 지배할 수 있을까? 나는 새벽 시간을 내 뜻대로 지배하고 하루를 내 뜻대로 살면서 삶의 주체로 살아간다. 전에는 끌려가는 삶이었지만 지금은 내가 나의 새벽부터 자투리 시간마저 계획하고 그 계획에 맞춰 살아간다. 꾸준히 하면 당연히 성공이 따를 것이라 믿는다. 그것이 나의 체질에도 맞다. 이것이 바로 새벽을 활용하는 것이 나를 성공으로 이끌어가는 이유다.

나는 하루의 시작을 새벽 3시에 독서하는 것으로부터 시작하고 낮에는 들에 가서 본업인 농업을 한다. 가을은 농촌에서 여러 가지 농작물을 수확하는 시기로서 제일 바쁜 시기다. 낮에는 남편을 돕고 저녁에 집에 와서 대충 집을 치우면 저녁 11시나 그 이후가 된다.

바쁜 하루 중 일부러 새벽 시간을 내기도 쉽지 않지만 나는 내 잠을 줄인 새벽 시간이 아니고는 나의 시간이 없으니 다른 데서 나의 시간을 확보할 수 없다. 아이들도 초등학교 6학년, 5학년, 1학년으로 아직 엄마의 손이 필요한 나이다. 주부로서 또 작가로서 시간을 쪼개지 않으면 안된다. 누가 나 대신 해 주는 것도 아니고 온전히 내 삶은 내가 주체가 되어야 한다. 내가 만일 하루 종일 피곤하다고 생각하고 이튿날 새벽에 계속 침대에 누워서 잠의 유혹을 뿌리치지 못하면 나는 지금까지 책 한 권을 읽지 못했을 것이다. 왜냐하면 이렇고 저렇고 핑계를 대는 것은 독서를 안 하겠다는 뜻이기 때문이다.

남들은 청춘을 불태우며 독서를 하는데 나는 이제 40대에 들어서면서 독서를 하니 다른 사람보다도 늦다. 많은 사람들은 독서로 이미 뛰고 날고 하는데 나는 이제 걸음마를 떼고 있다. 돌아오지 않는 20년의 세월을 낭비했던 것이다. 나는 더 이상 암울한 미래를 바라지 않는다. 나는 나의 미래를 바꾸고 싶다. 완전히 뒤집고 싶다. 이 때까지 책 한 권 안 읽고 이 핑계, 저 핑계 대면서 세월 허송하고 지금의 어려운 상황을 만들어놓은 것을 뼈저리게 후회하고 있다.

　새벽독서를 미루지 않는다. 새벽독서가 없는 삶은 상상할 수가 없다. 지금 현실에 만족하지 못하고 성공을 바란다면 새벽형 인간으로 바꾸고 새벽 시간을 확보하라. 새벽 시간을 지배하면 하루를 지배하고 하루를 지배하면 일주일, 나아가 한 달, 1년을 지배할 수 있다. 이렇게 날마다 시간을 지배하면 시간은 내 편이고 나는 성공으로 더 가까이 나아갈 수 있다.

자기계발에서
독서는 기본이다

내가 알고 싶은 것은 책에 있다.
내가 읽지 않은 책을 찾아주는 사람이 바로 나의 가장 좋은 친구이다.
- 에이브러햄 링컨

요즘은 스마트 시대라 어디를 가든지 손에는 늘 스마트폰이 쥐어져 있다. 공부하는 사람들, 그냥 재미로 즐기는 사람들, 밀린 드라마를 보는 사람들, 스포츠를 즐기는 사람들, 식당에서나 그 어디에서든 아이들이나 어른들이나 핸드폰을 손에 쥐고 있다. 날마다 페이스북, 인스타그램, 트위터, 블로그, 카페 등 각종 SNS를 통해 너무도 편하고 재미있게 산다. 그 많은 사람들이 시간의 소중함을 모르고 시간을 낭비한다. 그중에도 그나마 자기계발을 하는 사람들이 얼마 있다.

수많은 사람이 핸드폰을 하고 있다. 핸드폰에 빠지다 못해 핸드폰이 본인의 분신인 듯하다. 이렇게 모든 것이 핸드폰으로 이어진 세상에 사람들은 날마다 더 빠름을 외친다. 안 그래도 한국 사람들은 '빨리빨리'를 외치는 사람들이다. 직장에서도 사회에서도 가정에서도 모두 '빨리빨리'만 외친다. 처음에 한국에 오는 외국 사람들도 이 '빨리빨리'에 숨도 쉬기가 힘들어지고 적응하기가 어려워진다. 이런 상황에서 5G의 길을 열어놓은 인터넷은 더 많은 사람들의 인내심을 줄여간다. 사람들마다 성격은 날로 더 괴팍해진다. 잠시라도 핸드폰을 손에 놓으면 큰일 날 듯하다.

언젠가 어떤 채널에서 일주일 핸드폰 하지 않는 프로그램을 하는 걸 본 적 있다. 한 사람씩 돌아가며 핸드폰 사용을 일주일간 금지한다. 핸드폰 사용을 금지하니 처음에는 사람들이 많이 불편을 호소하고 안절부절못한다. 그러나 억지로 하루 이틀 지나면서 점점 핸드폰이 손에 없는 생활에 적응해 나간다. 핸드폰이 손에 없고 하니 그들은 다른 무엇인가를 한다. 날이 갈수록 독서도 하고 나름 점점 핸드폰 없는 생활에 적응해 나가면서 일곱 번째 날에 가면 아예 핸드폰이 없는 것을 감사하며 새롭게 시작하는 사람도 있다. 이런 프로그램은 유익하다.

우리나라는 인터넷이 발전된 만큼 인터넷 보급률이 세계 1위다. 모든 것을 인터넷으로 가능하니 굳이 무거운 종이책을 볼 필요가 있겠는가 하는 사람들이 많다. 세계 여러 나라 독서량을 조사하니 한국이 세계에서 꼴찌였다. 일주일에 평균 3시간 정도, 그러나 SNS는 하루에 4~5시간이나 한다.

아이티계의 거물 빌 게이츠는 '오늘의 나를 만든 것은 하버드대학의 졸업이 아니라 내가 자라난 시골 작은 마을의 도서관이었다'고 말한다. 트럼프 대통령도 중국과의 무역전쟁 시 '하루에 겨우 4시간 독서했다'고 말한다. 아인슈타인도 에디슨도 손정의도 중국의 모택동도 이순신도 다산 정약용도 모두 독서광이었다. 오프라 윈프리, 버락 오바마도 마찬가지다. 그 어느 나라라고 할 것 없이 성공하고 세상을 빛낸 사람들은 모두 다 독서의 중요성을 알고 독서를 하면서 자신만의 좁은 시야에서 벗어나 전 세계를 바라볼 수 있었다. 독서는 개인 한 사람 한 사람뿐만 아니라 단체도 변화시켜준다.

1890년 설립된 시카고대학교는 1929년까지 별 볼 일 없는 대학이었으나, 로버트 허친스 박사가 총장이 되면서 모티머 J. 아들러 교수의 컨설팅을 받게 된다. 그러면서 학생들에게 고전 100권을 의무적으로 읽게 했다. 그 가운데 자신의 역할 모델을 발견하도록 하고 고전 속의 위대한 인물을 발견하고 학습하고 닮아가는 과정을 지향한 시카고대학교는 89명의 노벨상 수상자를 배출하여 세계 최고 명문 중의 명문이 되었다. 인간을 변화시키는 힘은 바로 독서로부터 오는 것이다. 책에서 지혜를 얻을 수 있는 가장 빠른 길을 구할 수 있다. 솔로몬 왕이 그랬듯이 지혜를 얻으면 이 세상의 모든 부귀와 권력과 명성을 얻는다.

성공한 사람들은 책 한 권 속에서 저자의 지혜를 얻고 자신의 삶에 적용하며 자신을 잘 알고 성장시켜 미래에 적응할 자신을 일깨우고 준비시킨다. 그러니 책 한 권에 한 사람의 지혜뿐만 아니라 그 사람의 인생이 담겨 있다. 책한 권을 쓰기 위하여 그 저자 역시 많은 책을 읽어서 다른 사람들의 지혜를 얻은 것이다. 수많은 사람들의 경험이 책 한 권에 기록되어 있는 것이다. 사람은 책을 만들고 책은 사람을 만든다. 부자들은 벌써부터 그 원리를 알기에 그들은 시간을 아껴가며 책을 미친 듯이 읽는다. 책 속에서 고난에 대한 대처법, 마음가짐, 앞으로 나아가야할 방향, 건강, 취미, 돈, 관계, 과학등 모든 면에서 배울 수 있다. 그러니 어찌 책의 매력에 빠지지 않을 수 가있는가?

나도 처음 독서를 접할 때 삶이 힘들고 지쳐 있는 상태였다. 지친 내 마음을 어찌해야 달랠 수 있을지를 몰랐다. 부모님들이 '이런 상황엔 이렇게 하는 거야.'라고 삶에 대한 정확한 방법을 가르쳐주면 좋겠지만 그들도 자신의 삶을 잘 모른다. 어떻게 하면 인생이 재미있고 즐거울지 모른다. 그들 역시 책 한권을 안 읽은 사람이다. 그러니 모두 맹인이 맹인을 인도하는 것이다. 독서는 인풋이다. 문장 한 구절이라도 머리에 남는 구절이 있다. 한 구절씩 한 구절씩 모여 나중에 아웃풋을 낼 시기를 기다린다. 책 한 권 읽지 않던 뇌에 한 권이라도 읽어 뇌에 좋은 문장들을 각인 시켜야 한다. 하나하나의 퍼즐들이 모

새벽독서의 힘

여지면 아웃풋하기에 좋은 사례들이 많아진다.

　독서를 할수록 현재의 삶이 정리되어간다. 보이지 않는 지혜는 조금씩 독자를 성숙하게 하고 성장으로 이끌어간다. 혹시 책 한 권으로 얼마나 성장하느냐 하는 사람도 있을 것이다. 그 사람은 분명 책 한 권을 읽어보지 못해본 사람이라 단정 지을 수 있다. 그런 사람들은 본인도 발전하지 않으면서 다른 사람의 발전을 시기하고 방해하는 방해꾼이다. 그런 사람에게도 일단 책 한 권을 읽어보라고 권하고 싶다. 예를 들어 아인슈타인의 "생각하는 대로 살지 않으면 사는 대로 생각하게 된다."라는 말은 문장 한마디가 사람의 삶을 송두리째 뒤흔들고 기존의 관념을 엎어 버리는 강력한 힘이 있다. 이런 문구 한마디를 접하면 책을 읽고 싶을 용기가 나지 않는가?

　『2억 빚을 진 내게 우주님이 가르쳐준 운이 풀리는 말버릇』이 책에서는 부정적인 말만 하다가 결국 부정적인 삶으로 파산에 이른 히로시의 이야기를 담는데 그는 평소 늘 부정적인 말을 하면서 자기 삶이 왜 원하는 삶보다 다른 결과를 가져다주는지 모르고 있었지만 우주님이 나타나셔서 히로시의 삶을 통째로 바꿔준다. 50,000번의 '감사합니다'를 하므로 이때까지 살아온 부정적인 말로 인한 삶을 중화시킨다는 것을 깨닫게 해준다. 부정적인 삶이 중화되면 마음이 편해지고 나의 정체성을 더 잘 알고 성취감을 느끼고 기쁘고 즐겁고 풍요를 누리게 된다. 모든 사람이 왕으로 태어나지만 잘못된 관념으로 인해 원래 누려야 할 것을 누리지 못하고 거지같이 살게 된다는 사실도 모두 책 속에 있다.

나는 그리 생각한다. 내가 지금 사는 것이 나의 이전에 생각과 말과 행동으로 이루어졌다면, 그런 삶을 원하지 않는다면 그런 생각과 말과 행동을 바꾸면 된다. 내가 전에 부정적인 생각을 했듯이 긍정적인 생각을 하면 원하지 않는 삶을 바꿀 힘이 내 안에 있다는 것을 안다. 그것도 책을 읽으면서 알게 된 사실이다. 부정적인 사람은 왜 원하는 삶과 더 멀어져가는지. 우주의 법칙, 자연의 법칙을 다룬 책에서 답해준다. 지금 나의 삶에 만족하지 못하고 마음속으로 더 나은 미래를 꿈꾸더라도 부정적인 생각과 마음으로는 그 만족스럽지 못한 상황을 바꿀 수 없는 것도 책을 읽으면서 깨닫는다. 그러니 삶을 바꾸고자 하는 의지만 있으면 모든 해답을 갖고 있는 책 속으로 빠져들어가야 한다.

많은 사람들은 내가 누구고 어디서 와서 어디로 가는지 잘 알지 못한다. 그래서 삶 자체가 혼돈의 연속으로 되어 죽을 때까지도 잘 모른다. 그냥 그렇게 왔다가 그렇게 간다. 그러나 책을 보면서 우주의 법칙 성공의 법칙을 알게 되면 사람의 존재가 얼마나 위대한 존재인지, 거기서 더 나아가 다른 사람 아닌 나 자신이 얼마나 대단한 존재인지를 알 수 있다. 긍정적인 삶에 눈을 뜨고 마음의 갈증을 해결하고자 하면 책에 빠져들 수밖에 없다. 한 분야를 파고 들어가면 그 분야의 전문가가 되는 것이다. 한 분야의 전문가가 되면 다시 다른 분야에 도전한다.

차근차근 단계를 밟아 책을 읽어나가면 나만 성장하는 것이 아니라 주변 사람까지 변한다. 독서하는 한 사람의 긍정적 영향으로 주변 사람들이 그의 변화를 보고 느끼고, 결과적으로 그가 더 멋진 삶을 누리는 것을 보면서 본인의 삶을 변화시키고 싶은 욕구가 조금씩 생겨난다. 그렇게 때가 되면 그 사람도 책을 읽기 시작하게 된다. 조금씩 나 자신부터 변화하고 옆 사람이 변화하고 이웃이 변화하는 선순환이 이루어진다. 아직까지 독서의 특별함을 모르는 사람들도 변화된 삶을 살고 싶다는 의지로 독서를 시작하고 책 속의 지혜를 얻고 삶을 변화시킬 수 있다.

지금 당장 내가 보기에 멋진 제목의 책 한 권을 손에 쥐어라. 그리고 일주일이든 한 달이든 하루에 한두 페이지씩이라도 꾸준히 읽어라. 만족스럽지 못한 삶이 만족스럽게 변화된다.

새벽독서는
가슴을 뛰게 한다

가장 발전한 문명사회에서도 책은 최고의 기쁨을 준다.
독서의 기쁨을 아는 자는 재난에 맞설 방편을 얻은 것이다.
– 랄프 왈도 에머슨

나의 '잘난 판단'으로 남편이나 나는 맨날 대출 받아서 돌려 막기를 한다. 쉬는 날 하루 없이 돈을 벌어도 우리는 늘 부족하였다. 아무리 생각해도 우리는 억울했다. 다른 집보다 더 부지런히 설치고 다니는데도 우리는 남들보다 더 여유롭지 못하게 산다. 날마다 쪼들리는 것이 꼭 우리를 조롱하는 것 같다. 왜 우리는 삶에서 자유롭지 못할까? 왜 우리는 계속 쪼들리는 것일까? 왜 돈을 좀 더 벌어 부모와 자식들에게 원하는 것을 해드리고 주면 안 되는가? 누가 우리를 가르쳐주는 사람 없을까?

농부들의 이러한 악순환은 계속된다. 간혹 우리는 도시 사람들이 귀농을 하고 귀농해서 도시에서 누리지 못하는 자유와 부를 누리는 사람들의 소식을 TV로, 뉴스로 들을 수 있다. 어떤 젊은 사람들은 농사를 하면서 유통을 하고 그 동네뿐만 아니라 많은 사람들에게 도움을 줄 수 있는 부자들이 나온다. 우리는 농부의 세계에도 부자와 빈자가 있음을 안다. 그러면서도 우리는 그들에게 어떻게 부자가 되는지를 배우려고 하지 않고 그냥 하던 대로 농사를 짓고 있다.

분명 이렇게 사는 것은 하나님의 뜻이 아닐진대, 왜 많은 농부들은 농사를 짓고 발전하려고 배우려고 하지 않을까? 유통업자들만 돈을 버는 세상이라는 것을 알았다면 농부들도 유통을 할 수 있도록 배우면 되는데, 왜 기존의 틀을 바꾸지 못하고 있을까? 왜 안 된다고만 하고 부정적인 생각으로만 살아가고 있을까? 왜 우리는 가난하다는 것을 운명으로 받아들이고 있을까? 왜 행복하게 살고 싶고, 좋은 차를 타고 싶고, 좋은 집에 살고 싶다고 말을 못 할까? 왜 대부분 농부들은 개인사업인 농사로 부자가 될 수 없을까?

젊은 농부 부자를 찾기로 했다. 유튜브에서 인터넷 검색에서 찾은 농부 부자들은 생산하는 것보다 판매하는 것을 잘하였다. 자신의 이름으로 된 농산물을 팔기 시작했다. 유통과정을 줄이고 지적인 농부들은 동네 사람들을 도우면서 부자가 되어가고 있었다. 우리도 그들처럼 농부부자가 되고 싶었다.

그들처럼 온라인으로 판매 시스템을 이루고 싶었다. 늘 자금의 한계에 부딪쳐 포기하고 말았다. 부에 대한 욕망의 불씨도 점점 죽어갔다. 부에 대한 욕망을 가질 때는 삶이 희망이 있었는데 그런 욕망을 억누르고 현실에 안주하며 살다보니 미래는 더 이상 꿈 꿀 수가 없었다.

나는 김도사 유튜브를 보면서 일일 특강이 있다는 사실을 알게 되었다. 한 걸음에 뛰어가고 싶었지만 차편이 불편하여 선뜻 나서지 못했다. 일일특강에 당신을 초대한다고 한다. 나를 일일 특강에 초대한다? 나는 김도사라는 다른 세계 사람과 거리가 아주 멀게 느껴진다. 우리 주변에는 몇 억 부자도 몇몇 되지 않는다. 귀하신 분이 아무 보잘것없는 우리에게 성공의 비법을 알려준다고 한다. 나는 정말 성공하고 싶어서 유튜브에 김도사님 연락처에 참석하고 싶은 뜻을 보냈다. 그랬더니 100억 부자가 몇 분 안 걸려서 본인이 직접 전화를 한다. 그때 나는 심장이 터질 것만 같았다. 100억 부자가 나에게 관심을 가지고 직접 문자와 전화를 하셨다. 불편한 차편 얘기에 직접 차편도 찾아봐 주셨다. 그래서 일일 특강에 참석하기로 마음먹고 김도사님 유튜브를 보면서 모든 것이 의식의 변화가 중요하다는 말을 듣고 의식특강을 신청하였다.

세 아이들 엄마가 1박2일 외박하는 것을 남편은 좋아하지 않았다. 의식 특강을 2시간 받고 나서 나는 김도사님의 세상이 나의 세상과 완전히 다르다는 것을 느꼈다. 100억 부자의 그 기운에 나의 자그마한 존재는 떨고 있었다.

새벽독서의 힘

마치 『성경』에서 열두 해 혈루증으로 앓던 여자가 예수님의 옷자락을 만지고 치유받았던 것처럼 삶을 변화시키고 싶은 마음이 간절하였다. 김도사님 에게서 배우면 나도 100억은 몰라도 몇 십 억 부자가 되는 것 같았다. 그러면서 의식특강을 마치고 나는 내 삶이 의식의 문제였음을 한층 더 깨닫게 되었다. 원래 마음 같아서는 그 다음 번 책쓰기 과정을 신청해보려고 했으나 여러 가지 일이 겹쳐 결국 몇 회 후의 특강으로 신청했다. 그동안 유튜브를 보면서 책쓰기 특강에 가지 않고는 견딜 수 없는 마음을 달랬다.

드디어 특강에 참여하게 된 날, 5시간의 특강을 듣다보니 내 속에 책을 써서 성공해보고 싶다는 욕망이 뜨겁게 꿈틀거리고 있는 것을 느꼈다. 중간중간 도사님은 몇 분정도 짧게 상담을 해주셨다. 드디어 100억 부자와 같이 한 공간에서 1대1로 얘기를 하게 되었다. 100억 부자의 강렬한 힘에 나를 내어 맡긴다. 100억 부자의 말은 그저 다 믿고 싶었다. 그는 이미 이루었으니까. 아무것도 변명하고 싶지 않았다. 100억 부자의 그 주파수에 억압되어 그렇게 책쓰기 6주 과정을 신청하려고 했다. 그때 당시만 해도 계약금 정도는 내 통장에 있었다. 상담 후 몇 시간을 고민했다. 고가의 수업료를 내가 감당할 수 있을까? 다음에 내가 직장 다닐 때 신청할까? 남편이 알면 어찌할까? 계속 머릿속에는 신청해야 됨을 알면서도 현실의 삶에 제한되어 고민을 했다.

그날 특강에 참여한 사람들 대부분 책쓰기 과정을 신청했다. 나는 그들이 나만 빼놓고 부자 되는 배를 타고 떠날까봐 안달이 났다. 3번째 수업시간이 끝나고 나는 저질렀다. 책쓰기 6주 과정을 신청한 것이다. 수업 마치고 집으로 돌아가는 과정에 나는 또 근심이 앞선다. 수업료를 어떻게 감당하지? 어떻게 남편에게 얘기하지? 그때까지는 모든 것을 나 개인의 좁은 시야로 판단했던 것이다.

책쓰기 특강을 듣고 나서 도사님이 추천해주시는 많은 의식 방면의 책들은 나를 자극했다. 나는 그 책들을 구매하여 한 권씩 읽었다. 그 책들은 내가 겪어보지 못했던 놀라운 책들이었다. 추천해주시는 책들을 읽으면서 부자들은 사고 방식이 우리와 완전히 다른 것에 대해 감탄을 하게 되었다. 우리와 부자들의 생각의 차이를 알게 되었다. 자신을 계발하고자 하는 용감한 결단은 새로운 세계에 눈을 뜨게 하였고 이때까지 우리가 살아간 방식이 잘못되었음을 깨닫게 되었다. 우리는 부자의 마인드가 없었고 부자의 끈기와 열정이 없었다. 부자의 지혜가 없었고 부자의 원칙이 없었다. 이러한 것들은 부자만이 가르쳐줄 수 있다. 부에 관한 책들을 읽어가면서 하나씩 원리 원칙을 배워가고 익혀가면 우리도 더 넉넉하고 부요한 삶을 살아갈 수 있을 것 같았다.

나는 이때 김도사의 『인생을 바꾸는 자기 혁명』을 읽으면서 나의 삶을 뼛속까지 바꾸고 싶었다. 운명은 정해져 있지 않다고 한다. 우리의 농부 된 삶도 운명이 아니고 우리도 더 나은 삶을 추구할 수 있다. 나는 나 자신부터 혁명하여야 한다. 나의 가난한 의식을 완전히 뒤집어야 한다. 우리가 사고하기 나름이다. 책으로 부자의 사고를 배우면서 부자가 조언해주는 방법으로 부의 길로 가려고 노력한다. 절망이 아닌 이제 시작하는 힘으로 새벽독서를 하였다. 독서를 하면서 우리 가정의 새로운 꿈을 세워나갔다. 이때까지 한 길로 가서 그 길이 아닌 것을 발견했다면 이제는 그 길과 반대되는 길을 선택해야 한다. 그러면 예전의 상황과 반대되는 삶을 살아갈 수 있다. 책을 읽으면서 부자들은 쉬지 않고 꿈을 향해 도전한다는 것과 그 꿈을 이루고 난 뒤 다른 꿈에도 도전한다는 것이다. 하나의 꿈을 이루면서 비엔나 소시지처럼 꿈은 줄줄이 이루어진다. 우리도 새로운 꿈을 꾸고 새로운 인생을 맞이할 수 있도록 준비해야 한다.

성공한 사람들은
새벽형 인간이었다

하나하나의 파도처럼 삶의 모든 순간은 특별하다.
삶은 매 순간 우리에게 선물을 보내온다.
그것을 발견하고 즐기는 것은 우리의 몫이다.
– 토머스 크럼

　나는 책을 읽으면서 대부분의 성공한 사람들은 다 새벽형 인간이었다는 것을 알 수 있다. 마치 새벽형 인간은 성공했다와 같은 이치이다. 그러면 저녁형 인간은 성공하지 못한다는 말인가 하고 반문하는 사람들도 있다. 대부분의 성공한 사람들은 새벽형 인간이었다. 그들이 어떤 일에 저녁 늦은 시간까지도 연구하고 집중하고 몰입해서 결과를 얻어냈다. 그들이 시작할 때는 새벽부터 모든 시간을 관리하고 활용하는 데 두었다. 시간을 아끼기 위해서는 고가의 배움의 기회도 잡고 시간을 아낄 수 있는 모든 방법을 동원하여 시간을 아꼈다. 부자들은 새벽 시간은 낮의 몇 배의 효력을 갖고 있다는 것을 알고 있다. 부자들이 제일 귀하게 여기는 것이 시간이다. 그들은 절대 시간을 낭비하지 않는다.

미국의 과학자 윌리스 휘트니가 한 말이다.

"사람들은 원하는 일을 할 수 없는 수천 가지 이유를 찾지만 정작 그들에겐 그 일을 할 수 있는 딱 한 가지 이유만 있으면 된다."

이 말대로 한 가지 확실한 이유만 찾는다면 우리는 무슨 일이 있어도 어려운 새벽 기상을 할 수 있다. 지금의 상황을 변화시키고 싶은 간절한 이유로 아무도 방해하지 않는 새벽 기상을 한다.

나는 내 삶을 변화시키고 싶은 욕구가 강하다. 40대라는 늦은 나이에 시작한 독서가 나를 변화시키는 유일한 힘임을 깨닫게 했다. 그러기에 지난 20여 년 아무것도 이루어놓은 것이 없다는 뼈아픈 후회를 가슴 깊이 새기면서 자신을 다그친다. 나는 죽을 때까지 성장하는 것을 멈출 수 없다고, 더 이상은 지나간 20년 같은 시간 낭비를 허락하지 않는다고. 그러니 자연히 새벽이 설레고 새벽이 기대 된다. 오직 나만의 자유의 시간을 아무에게도 빼앗기지 않고 싶다. 나에게는 2가지 자유시간이 있다. 하나는 남편과 아이들이 다 자고 있는 새벽 시간, 하나는 내가 인삼밭에서 풀을 뽑고 있는 시간이다. 새벽 시간에는 눈으로 책을 보고 펜으로 메모하고 필사하는 특별히 행복한 나만의 시간이다. 낮에 인삼밭에서 마늘밭에서 풀을 뽑을 때도 나만의 자유의 시간으로 듣는 독서를 한다. 나 혼자의 시간들이 너무 행복하다. 늘 독서를 할 수 있는 시간이기 때문이다. 그 외의 시간은 집안일에 자녀들 돌보는 일에 늘 방해받는다. 그러니 어찌 새벽 시간이 소중하지 않으랴? 새벽 3시부터 5시30분까지 2시간 30분은 온전히 나만을 위한 시간이다.

책을 읽으면서 나는 부모님의 고마운 사랑을 다시 한번 깨닫는다. 전에는 늘 부모님은 사랑표현을 몰라서 나를 사랑하지 않는다고 생각했다. 부모님은 늘 새벽에 일찍 일어나서 일을 하셨기에 그들은 자신들이 다른 사람보다 더 부지런하기 때문에 동네에서 다른 사람보다 조금은 더 낳은 삶을 살고 있음을 아신다. 그래서 그들은 자식들에게 늘 아침 일찍 또는 새벽에 깨워서 암기 과목들을 암기하라고 가르치셨다. 나는 농부인 부모님 밑에서 성실함을 배우고 꾸준함을 배웠다. 부모님은 늘 같은 시간에 일어나 꾸준하게 일을 하시는 분들이다. 독서를 하면서 나는 부모님은 사랑표현이 서툴러도 나를 사랑한다는 것을 깨달았다. 성실함과 꾸준함, 그리고 새벽 체질은 나만의 무기일 수 있다는 것도 독서하면서 깨달았다. 얼마나 강력한 재산인가?

나는 평생 나를 위해 고생하신 부모님께 더 잘해드리고 싶다. 그래서 더 성공하고 싶다. 친정 부모나 시부모님들, 그리고 나의 가정에 남편과 자녀를 생

새벽독서의 힘

각하면 나는 그들에게 성공해서 더 좋은 모습을 보여주고 싶고 더 행복한 가정을 꾸려보고 싶다.

"성공해서 책을 쓰는 것이 아니라 책을 써서 성공하라."

나는 김도사님이 완전히 나의 구세주같이 느껴진다. 나는 책을 쓰고 싶다. 김도사님은 책을 써서 성공한 사람이다. 그는 오직 책쓰기만을 고집해오면서 수많은 시행착오를 겪으면서 지금의 김도사로 거듭났다. 김도사님은 본인이 24년간 250여 권 책을 쓰고 1,000여 명의 작가를 배출해내면서 스스로 깨달은 노하우나 비법 같은 것을 아낌없이 제자들에게 나누어주신다. 진심으로 제자들이 자신처럼 책을 써서 성공하시기를 바라신다. 『김대리는 어떻게 1개월 만에 작가가 됐을까』에서 저자 김도사와 권마담은 반드시 책을 써야 하는 이유를 이렇게 말한다.

[김도사]
책쓰기는 자기계발의 시작이자 끝이다
1. '독자'에서 '저자'로 업그레이드된다
2. 책을 써서 자신을 퍼스널 브랜딩하라
3. 책쓰기를 하면 당신이 상상하지 못했던 신세계가 열린다

[권마담]

1. 책쓰기는 나를 발전시키는 최고의 공부법이다

2. 책쓰기를 통해 생각과 지식을 구체적으로 체계화시킬 수 있다

3. 책쓰기는 사회의 공익에 도움이 된다

4. 책 출간의 기쁨은 자신에게 자부심을 안겨줄 뿐 아니라 평생 잊히지 않
   는다

[책쓰기는 최고의 자기계발이다]

- 책쓰기와 출간 동시에 관심 집중

- 독서의 깊이와 의미가 달라진다

- 책쓰기는 치열한 공부가 바탕이 되어야 한다

- 자녀에게 한 권의 책을 쓰게 하라

김도사님은 책을 써서 100억대의 부자가 되셨으니 제자들도 본인이 한 대로 따라 하면 경제적 자유를 누리고 더 높은 차원의 삶을 살 수 있다고 하신다. 앞 내용들은 작가가 되고자 하는 꿈을 더 자극하였다.

경제적 자유를 누리는 것이 얼마나 많은 사람들의 소원일까? 이것은 내가 꿈에도 바라는 소원이다. 나는 변하고 우리 가정을 가난에서 부로 이끌어 갈 것이다. 경제적 자유를 이루어 낼 것이다. 나는 작가 되어 우리 가정을 살릴

새벽독서의 힘

것이다. 독서하지 않은 가정에서 독서하는 가정으로, 제각기 흩어진 가정에서 하나로 통합하는 가정으로 우리가정을 행복한 가정으로 살릴 것이다. 아직 나의 변화가 미미하여 남편이나 자녀에게 잘 보이지 않지만 나는 분명 독서를 하고 있고 독서를 하면서 변화되기 때문에 머지않아 모든 것이 내가 원하는 대로 이루어질 것이다.

일일 특강을 다녀 온 후 나의 꿈이 더 분명해졌다. 나도 책을 쓰고 농부들에게 동기를 부여하고 의식을 상승시켜 농부들도 부의 길로 갈수 있는 시스템을 만들고 강연하고 그들에게 부의 길로 가는 것을 이끌어주고 싶다. 세상 모든 사람은 다 백만장자로 살아갈 운명을 안고 태어나지만 어릴 때부터 부모로부터 사회 여러 가지로 인해 자신에게 할 수 없다는 한계를 지어버렸다. 그 때문에 많은 가난한 사람들은 자신의 부의 그릇에 10%밖에 사용하지 못하고 죽지만 부자들은 부의 그릇의 70% 이상을 사용하고 죽는다. 그러니 우리들도 부자들을 비난할 대신 그들의 사고 방식을 배워 부자들처럼 그릇을 키어가며 더 풍요로운 삶을 살아갈 가치가 있다. 다 같은 사람으로 태어나 이 세상에 체험하러 왔는데 왜 우리는 부자들처럼 살지 못하고 가난하게 사는가? 우리도 부자로 살아갈 수 있다. 단지 우리가 정확한 부로 가는 방법을 잘 알고 그들의 사고 방식대로 따라가야만 한다는 것이다.

그러나 고정 관념을 바꾸지 않고 원래의 방법대로 아무 도전도 하지 않고 산다면 우리는 절대로 부자가 될 수 없다. 이제 나도 부자되는 꿈을 꾸고 있다. 그전에는 어떻게 해야 부자가 될 수 있는지 몰랐고, 주변에 다 나와 같은 사람들밖에 없었다. 그리고 부자와 나는 다른 세계의 사람이라고 생각해서 부자의 조언은 마음에 와닿지 않았다. 그래서 부에 대해 포기하고 부에 대해 관심을 가지지 않았지만 지금은 우리도 부자의 방법으로 살아간다면 부자가 될 수 있음을 알고 있다. 그러니 우리도 이미 성공을 이룬 사람들이 가르치는 부의 방법을 배우고 부를 창출하는 부의 추월차선에 올라타 부자의 삶을 살아야 한다. 부자가 되는 것은 당연한 것이다. 우리가 마땅히 누려야 할 것이다.

현실에 만족하지 못하면
책부터 읽어라

당신이 내일 아침에 오늘보다 더 나은 사람이 되어 깨어나고 싶다면,
잠들기 전에 책을 펴고 단 3장이라도 읽어라.
- 오프라 윈프리

많은 사람들은 주변 사람들이 책을 읽으니 자신도 자기계발 해보고 싶은 마음에 처음에는 하루 만에 무조건 다 읽을 기세로 읽는다. 모든 정신을 오로지 책을 읽는 데만 집중한다. 그러다 어느 정도의 시간이 지나면 사람들은 집중을 못한다. 안 하던 일을 하려니 머리도 아프고 직장생활도 해야 하고 가정도 돌봐야 하고 이러면서 독서 역시 슬럼프에 빠져버린다. 이러다가 그만 책을 읽는다는 것을 점점 잊어먹고 다른 일들을 우선순위로 삼고 바쁜 삶을 살아간다. 처음에 바쁜 와중에도 책을 읽었던 일들 다 잊어버리고 만다. 꼭 마치 책을 읽지 않았던 사람같이 말이다. 그러면서 차차 책을 읽지 않는 전에

편했던 날들을 생각하면서 책을 읽지 못하는 것을 자기 합리화하고 있다.

'그래, 내가 뭐 이제 와서 책을 읽게? 책을 읽는 것은 나에게는 사치야. 직장 생활도 바쁘고 삶도 지치는데 쉬어야지 그 시간을 들여 책 읽을 시간이 없다. 나중에 시간나면 마음에 여유로워지면 다시 책을 읽자.'

그들은 다시 전에 책을 읽지 않던 삶에 빠져 살면서 더 지친다. 삶에 아무런 희망도 없이 또 전과 같은 지친 삶을 되풀이한다. 우리 몸이 움직이지 않으면 근력이 떨어지고 면역력이 떨어지고 나중에 모든 것이 피폐해진다. 여기서 말해두자. 책을 읽지 않으면 마음에 힘이 떨어진다. 40대의 나이는 마음에 힘이 떨어지게 놔두면 안 된다. 이제 더 나은, 더 멋진 삶을 살 수 있도록 목표를 세워야 한다. 책을 읽고 노후를 준비해야 한다. 이제 20~30대처럼 왕성한 체력이 아니어서 넘어지면 다시 일어날 용기도 나지 않는다. 겁 없이 도전할 때가 아니라 목표 있고 계획 있고 차분하게 인생 2막을 준비해야 한다.

전에 내가 다니던 직장은 핫도그를 만드는 공장이었다. 대부분 사원들은 50~60대이고 이고 젊은 30대 사람들은 외국인들이다. 그들은 하루 종일 일과 사람으로 인해 스트레스를 받으면서 날마다 이 직장을 욕하면서도 돈은 벌어야 하고 갈 데는 없고 하여 억지로 회사를 다닌다. 그러니 이 사람들은 얼마나 피곤할까? 나이 들어서 오라는 공장도 없고 월급이 최고이고 그 월급으로 생활하고 그 이상은 생각하지 않는다. 하루 종일 직장에서 일을 하며 쉬는 시간이나 다른 시간에 책을 읽는 사람이 없다. 책을 읽으라고 하면 그들은 책 읽는 시간에 쉬는 게 낫다고 한다. 그들은 더 이상 책을 읽을 마음과 용기가 없다. 나는 40대로서 그들과 같이 일을 해보면 그들이 수다 떨고 있는 시간이 아깝다. 현실은 돈을 벌어야 하니 어쩔 수 없이 회사를 다니기는 하지만 나는 늘 나의 삶을 바꾸고 싶었다. 하루 종일 기계같이 일만 하는 현대판 노예로서 직장생활이 너무 싫었다. 직장 내 자기계발은 조금도 바랄 수 없다.

나는 스스로 자기계발을 하기로 했다. 그래서 점심시간에도 혼자 차에서 책을 읽었다. 그나마 점심시간 있을 때는 책을 읽지만 굽는 핫도그 공정을 하면 점심시간도 없다. 책을 읽는 시간이 나를 많은 저자들의 삶으로 이끌어가며 책 속에서 풍요를 배우고 나를 채워 나간다. 독서를 어느 정도 한 사람들은 하루 한 권부터 도전한다. 하루 한 권이면 일 년이면 365권, 3년이면 1,000권의 책을 읽으며 4~5년 정도 되면 3,000권, 10년 이상 책을 읽으면 10,000권 이상 책을 읽을 수 있다. 그러나 그냥 이렇게 책을 읽는 수치만 생각해도 책읽기가 겁이 날 수 있다. 이런 사람에게 몇 가지 꿀팁을 드린다.

1. 매일 책을 손에 쥐고 책을 펼쳐야 한다.
2. 매일 같은 시간을 들여 책을 읽는다.
3. 매일 꾸준히 책을 읽는다.

4. 매일 책읽기에 대해 신경을 쓴다.

5. 매일 책을 손이 닿는 곳마다 놓아둔다.

6. TV나 핸드폰은 최대한 줄이거나 사용하지 않는다.

7. 책을 읽는 분위기를 찾아간다. 독서모임에 참여해보는 것도 괜찮다.

8. 책 한 권에서 보물 한 가지라도 찾기 바라고 그것을 조금씩 내 삶에 적용하고 삶을 바꿔나가려고 애쓴다.

9. 책을 읽으려는 결단을 해야 주변 환경으로부터 책을 안 읽을 핑계를 잘 라버린다.

첫 걸음마를 떼는 아이가 어른처럼 똑바로 걷지 못하는 것은 당연한 일이다. 그 아이는 넘어지면서 걸음마를 배운다. 그때 엄마나 여러 사람에게 칭찬받으면서 다시 넘어지고 일어나기를 반복한다. 누구도 아이가 걷지 못한다 하여 바보라 하지 않는다. 부모는 그냥 옆에서 기다려준다. 그러면 그 아이는 언젠가부터는 걷기만 아니라 뛰기도 한다. 독서도 마찬가지다. 걸음마 떼듯이 한 권부터 시작하는 당신을 응원하면서 시작하라. 자신이 하는 독서를 걸음마 배우는 사람이라고 생각하면서 한 권씩 차근차근 읽다보면 분명 어떤 단계에 이르고 스스로 책을 분석하고 책을 고르고 자신이 어떤 분야의 책을 좋아할지를 알며 점점 책의 재미에 빠지게 된다. 걸음마를 떼던 아이가 가끔은 기어 다닐 때도 있지만 특별한 경우 아니고는 자신이 걸어 다니고 뛰어다니는 것을 더 좋아하며 나중에는 더 이상 기어 다니지 않고 걷고 뛰는 방법으로 세상을 살아간다. 독서도 스스로 재미에 빠져버리면 더 이상 흔들리지 않고 단단히 꾸준히 갈 수 있다. 그러면 마음의 근육도 커지고 삶도 점점 더 나아진다.

책을 읽으면서 단계적으로 준비하는 삶은 활기차다. 노후를 위하여 무언가를 준비한다는 것이 뿌듯하고 대견스럽다. 여러분도 삶에 만족하지 못하고 있다면 책을 읽어라. 운명이어서 그렇게 살 수밖에 없는 삶이라고 하지 말고 책을 보면서 운명이란 것을 바꿔보도록 노력을 해보라. 우리의 운명은 책을 읽으면서 바뀔 수 있다. 우리의 가치관이 바뀌면 운명이 바뀐다고 생각된다. 우리는 누구나 더 나은 삶, 더 멋진 삶을 살아갈 의무가 있다. 그럼에도 불구하고 우리는 정해진 삶이라고 바꾸기를 두려워하고 도전하지 않고 그냥 그대로 살아간다면 우리는 정말 우리 자신에 대해 못 할 일을 하는 것이다. 사람은 다 풍요를 누리며 살 자격이 있다. 그런데 왜 풍요를 누리지 못하고 만족하지 못하고 늘 흔들리고 아프고 힘들고 지치며 살아가는가?

이제 삶을 한번 바꿔보자. 한번이라도 원하는 삶을 살려고 노력해보자. 나도 처음에는 그저 그렇게 숨을 쉬고 살았다. 그냥 살아 있기에 살아갔고 꿈도 없고 멋도 재미도 없는 삶이었다. 삶의 무게가 힘들어서 견디기 힘들고 지친다. 견뎌내다가 주저앉고, 또 힘을 얻어 다시 일어나 살아가면서 20여 년의 시간을 낭비했다. 책을 읽으면서 날마다 살아가는데 가슴이 벅차고 희망적으로 점차 변해간다. 삶이 무겁고 지겹던 것이 이제 누려보고 싶은 욕구로 채워진다.

수많은 고초를 겪은 후 1997년 대통령이 되고 노벨평화상을 수상하여 세계적인 인물이 된 김대중 대통령의 저력은 독서에서 나왔다고 본다. 그는 옥중서신에서 이렇게 말한다.

"4년 동안의 폭발적인 독서를 통해 사고와 의식의 비약적인 도약을 경험한 것이 원동력이라 믿는다."

그는 교도소에서 독서하므로 독서의 임계점을 돌파하고 독서 혁명을 이룩했으며 그것을 토대로 대통령이 되고 노벨평화상을 수상하고 역사적인 인물이 되었다.

책을 좋아했지만 '학력콤플렉스'로 인해 더욱 독서를 가까이 했다. 1977년 진주교도소 시절과 1981년 청주교도소 시절에 하루 10시간씩 독서를 했다. 사람들은 김대중을 '독서의 달인'으로 부르기도 하고 그의 독서능력을 높이 평가한다. 김대중 대통령은 "감옥이어서 마음 놓고 독서를 할 수 있어서 좋았다."라는 말을 했다. 『김대중 자서전』에는 이런 글이 있다.

"사람은 생존의 본능인 지혜를 갖고 있기에 최악의 상황에서도 살아남을 수 있는 방법을 구한다. 세상과 격리가 된 감옥 생활이지만 사색의 자유로 그는 스스로를 최악의 환경에 가두지 않았다. 그는 본인이 억울하기에 자유롭게 생각하면서 신학과 역사를 찾았다. 그렇게 마음을 다스려가며 마음의 안정과 평화를 찾기 시작했다. 나중에는 감옥 속에서 4가지의 즐거움을 느꼈다고 하셨다. 그는 독서를 첫 번째 즐거움으로 맛보았다. 그는 감옥에서 철학, 신학, 정치, 경제, 역사, 문학등 다방면의 책을 읽었다. 그는 러셀의『서양철학사』, 토인비의『역사의 연구』, 플라톤의『국가론』, 아우구스티누스의『신국론』, 테야르드 샤르댕 신부의 저서들, 라인홀드 니버와 하비 콕스의 신학 서적들, 그리스 이래의 문학 서적들을 탐독했다. 그 외에도『논어』,『맹자』,『사기』등의 동양 고전, 원효와 율곡에 대한 저서, 그리고 조선 말기의 실학 서적에서도 많은 것을 배웠다. 그는 '4년의 감옥 생활은 자신의 다시 없는 교육의 과정이었다.'라고 말하면서 정신적 충만과 향상의 기쁨을 얻는 지적행복의 나날이었다고 한다. 감옥은 그의 대학이었다."

번잡한 세상과 단절한 채 오로지 독서만 할 수 있었던 그 시절을 동경한다는 말을 자주한다. 그는 감옥서 4년 동안 집중적인 독서를 할 수 있었고, 수감기간에 가장귀중한 의식과 사고의 비약적인 도약을 이루었다. 그는 감옥에서 얼마나 많은 독서를 했는지 그가 갖춘 해박한 지식을 보면 충분히 가늠할 수 있다.

자기계발을 하지 않으니 더 나은 삶을 향한 꿈도 힘도 능력도 없고 아무것도 준비하지 못하고 20~30년 전의 젊음의 열정도 사라지고 이제 아무런 무기도 없는 상태에서 또 다른 삶을 준비해야 하니 그저 삶이 막막하고 미래가 두렵고 불안하다. 마음 깊은 곳에서 풍요로운 삶을 살기를 원하지만 어디서 어떻게 나아갈지를 모른다. 그래서 독서를 하지 않은 상태에서 뭔가를 창업하려고 하는 은퇴자들 중 대부분은 치킨집이나 프랜차이즈 업계에 발을 붙인다. 그들은 퇴직금을 다 창업에 투자하는데, 개인사업자는 개업해서 몇 개월 만에 가게 문을 닫는 사람들이 많다. 치킨집이나 프랜차이즈 가게를 창업하는 것보다 책을 읽고 책 속에서 마땅히 가야할 길을 찾아 자신을 준비하고 좋은 기회가 오면 좋은 기회를 잡을 줄 알아야 한다.

새벽독서의 힘

하루 한 권 읽기
당신도 가능하다

습관이란 인간으로 하여금 그 어떤 일도 할 수 있게 만들어준다.

– 도스토예프스키

처음에 한 권의 책을 완독했을 때의 기쁨을 생각하면 아직도 생생하다. 한 권의 책을 집어 들고 다 읽겠다고 결심했을 때 그 책 한 권을 읽기 위하여 새벽에도 일어나서 읽었고 낮에도 저녁에 잘 때도 화장실 갈 때도 계속 읽었다. 책을 읽지 않던 내가 그 첫 한 권을 읽는 데 한 달이 걸렸던 것 같다. 하루에 한두 페이지씩 읽으니 많이 읽을 수 없었다. 도저히 집중이 되지 않았다. 한 권을 읽기가 너무 어려워서 읽다가 포기하고, 그러다 다시 읽었다. 그렇게 처음 읽었던 책이 『예수님이라면』이라는 책이었다. 힘든 과정을 거쳐 드디어 한 권을 다 읽었을 때 나는 자아도취에 빠졌다. 스스로가 정말 괜찮은 사람 같앉고 어떤 상황에 부딪치면 '예수님이라면 어떻게 하실까?'라는 생각을 했다.

첫 번째 책을 다 읽고 두 번째 책을 읽을 때 나는 조금 더 집중할 수 있었다. 두 번째 책도 완독하기까지 20일 정도 걸렸던 거 같았다. 이렇게 책마다 완독하는 기쁨은 이루 말할 수 없었다. 책을 10권 읽으니 일주일에 한 권 정도를 읽을 수 있게 되었다. 사람마다 책읽기에 임계점이 있다고 말한다. 몇 십 권 이상을 읽으니 이젠 책읽기가 겁나지 않았다. 정말 좋아하는 책을 읽었을 때는 책을 빨리 읽을 수 있었다. 내가 온 맘을 다해 읽었을 때 어떤 책은 하루 한 권을 읽을 수 있었다. 내가 하루에 한 권을 다 못 읽는다고 생각했기에 어쩌다 하루 한 권의 책을 다 읽게 되면 스스로가 대견스럽다.

책읽기는 습관이다. 책읽기는 엉덩이 힘이다. 나는 하루 한 권의 책을 읽으려면 책을 몇 십 권에서 100권 이상을 읽어야 하루 한 권을 읽을 수 있다고 생각한다. 한 권씩 읽으면서 책을 하루 한 권 읽을 수 있는 내공이 생기고 점점 커진다. 책을 몇 십 권 이상 읽으면서 자신에 맞는 독서법으로 독서를 할 수 있다. 독서는 습관이고 습관이 행동을 변화시킨다. 언제나 어디서나 꾸준히 책을 읽어야 한다. 누구에게 책을 많이 읽었다고 자랑할 필요도 없고 오로지 자신만 계발하기 위하여 책을 읽는다. 책을 읽는 것은 마음에 잡초를 거두고 풍요의 씨앗을 뿌리고 적당한 양분을 주어 그 풍요의 씨앗을 키워 풍요의 열매를 맺는 나무로 키워야 한다. 독서를 하면 삶이 변화된다. 확실하게

새벽독서의 힘

더 풍요롭게 여유롭게 지혜롭게 변화된다.

　나는 자기계발서를 주로 읽는다. 자기계발서를 읽으면 가슴이 뜨거워지고 '저자도 했는데 나도 할 수 있지 않을까?' 하고 도전하고 싶은 마음이 생긴다. 뜨거운 가슴은 삶을 살아가는 원동력이 되어 긍정적인 에너지를 쏟아낼 수 있다. 나의 에너지가 긍정적일 때 나는 더 멋진 미래를 생각하고 더 나은 삶으로 이어진다. 독서는 나를 발전시키는 유일한 길이다. 독서로 메말랐던 삶이 활기를 띠고 독서로 나의 존재가치를 깨닫고 하루 한 권을 읽으면서 삶을 알아간다. 내가 하루 한 권 읽는 방법은 이러하다.

1. 처음에는 책을 훑어본다. 그러면서 책제목에 주제와 연관된 단어들을 내 머릿속으로 상상한다.
2. 목차의 1장과 5장은 완독한다.
3. 서론, 본론을 영화 보듯이 읽는다.
4. 2장, 3장, 4장은 소제목의 연관 키워드로 발췌독을 한다.

　책을 많이 읽는 사람들도 처음부터 끝까지 읽지 않는다. 자신에게 맞는 부분과 필요한 부분만 골라서 읽는다. 핵심만 골라서 읽으면 시간을 단축하고 많은 책을 다독할 수 있다. 발췌독을 이용하면 3~4시간에 한 권을 읽을 수 있다. 책을 많이 읽는 사람들은 하루에 한 권 이상은 기본이다. 성공한 사람들은 언제나 책을 가까이할 정도가 아니라 완전히 책에 미쳐 산다. 성공한 사람들은 다독가이고 책을 소중히 여기고 책 속의 더 많은 지혜를 깨닫고 그 깨달음으로 부를 창출하고 사회에 선한 영향력을 끼친다.

가난한 사람들은 왜 책을 읽지 못하는가? 그들은 책을 읽기 시작하는 것이 두려운 것이다. 현재의 안일한 삶에 대해 만족하고 안주한다. 그러니 굳이 익숙한 것과 결별하고 안 하던 짓을 하여 괜히 머리 아프게 하고 싶지 않다. 그들은 현재로서도 충분히 먹고살 수 있으며 굳이 시간을 들여 독서를 할 필요를 느끼지 못했기 때문이다. 이런 안일한 사고 방식은 그들로 하여금 더 가난해지고 책 읽는 부자는 더 부유한 사고를 가진다.

많은 사람들이 하루 한 권부터 도전한다. 하루 한 권이면 1년이면 365권, 3년이면 1,000권의 독서를 할 수 있다. 1,000권을 읽으면 3년이면 5,000권, 10년이면 10,000권을 읽을 수 있는 독서력이 생긴다. 이제 독서를 시작했으니 날마다 하루 한 권을 목표로 설정하고 무슨 일이 있어도 하루 한 권을 읽도록 노력한다. 책을 읽으면서 즐거우면 빨리 읽을 수 있다. 책을 읽으면서 책의 내용을 내 삶에 적용하고 내가 생각하지 못했던 것들을 알아가고 모르는 것을 알아가는 기쁨이 크다. 책을 읽는 것은 TV나 핸드폰보다 더 재미있다.

인생 2막의 준비는 책읽기부터 시작해야 한다. 내가 좋아하는 주제를 여러 권 읽으니 독서력이 생겨났다. 독서력이 생기자 핵심 주제의 내용들이 다른 책에서 나오는 내용과 비슷해서 굳이 처음부터 끝까지 다 읽을 필요가 없다. 나의 갈급한 상황에 맞는 책을 읽었을 때 절박한 마음이 초 집중을 일으켰던 것이다. 집중을 하면 책 읽는 시간을 단축시킨다. 책을 읽을 때 임계점까지 읽지 않고 독서력을 높이는 지름길은 없다. 책은 꾸준히 읽을 때 독서력이 향상된다. 어떤 상황에서라도 책을 꾸준히 읽어야 한다. 독서력은 인생을 살아가는 강한 무기이다. 이 무기를 손에 넣고 그에 따르는 실천을 해야 한다. 작은 하나의 좋은 습관이 나의 인생을 결정한다. 작은 하나의 습관에서 성취감을 느끼고 나중에는 완성된 성공을 이루어 나간다.

새벽독서를
생활화하라

당신은 지체할 수도 있지만 시간은 그러하지 않을 것이다.
– 벤자민 프랭클린

요즘 사회적으로 여러 가지 중독 현상을 볼 수 있다. 알코올 중독, 마약 중독, 섹스 중독, 밀가루 중독, 일 중독, 도박 중독, 약 중독, 식중독, 게임 중독, 스마트폰 중독 등등 세상에는 많은 중독이 있다.

중독을 사전에서 찾아보면 독성을 지닌 음식물이나 약물 등의 물질이 몸에 들어와서 이상 반응이나 질병이 발생하는 것을 뜻하는 신체적 중독과 약물(혹은 마약), 사상, 사물 등에 빠져 정상적으로 사물을 판단할 수 없는 상태를 뜻하는 정신적, 의존적 중독이 있다고 한다.

나는 신체적 중독이 아닌 심리적 중독을 얘기하고 싶다.

아버지와 어머니는 내가 볼 때는 일중독자였다. 어릴 때부터 아버지와 어머니는 쉬는 것을 한번도 보지 못했다. 농부로서 비가 와서 일을 하지 않을 때 도 집안일을 하셨다. 어떤 때는 할 일이 없어도 일을 만들어서 몸을 잠시도 가만 놔두지 않았다. 젊을 때는 체력이 받쳐주니 그것이 괜찮았고 무리하게 몸을 사용해서 일을 해도 저녁에 자고 나면 몸이 거뜬해진다.

매일매일 젊음을 그렇게 몸을 혹사시키면서 부모님은 자신들이 죽도록 일하며 사는 것이 자녀를 위한 희생이고 자녀가 잘되기를 바라는 마음이라고 생각하셨다. 젊은 몸을 혹사시키니 나이 들어서 50대 넘어서는 또래 사람보다 등도 많이 굽으시고 힘도 많이 빠지고 몸도 정신도 많이 지쳐 있는 상태에 있다. 다른 사람들과 비교해보면 더 많이 늙으셨다. 세월의 흔적을 홀로 받으신 것 같다.

부모님이 일하시는 모습을 보면서 큰 나도 일중독으로 살아가고 있었다. 늘 일이 우선이었다. 아이들 키우면서 아이들이 어느 정도 커가니 집에 아이들끼리만 남겨두고 큰아이들한테 동생을 맡길 때가 많다. 큰애가 13살이고 둘째가 12살, 막내가 8살이다. 아직 초등학생밖에 안 되는 아이들을 집에 놔두고 혼자 밭에 가 일한다. 음식들은 밥과 냉동식품이 냉장고에 있어서 에어

프라이어에 데워먹도록 했다. 늘 가난한 마인드로 혼자서 밭에 가서 일하니 능률도 오르지 않고 시간도 많이 걸렸다.

아이들도 제대로 챙기지 못한 채 들에 일이 끝날 때까지 늘 일하러 갔다. 그럴 때마다 나는 마음이 많이 힘들었다. 나도 집에서 살림이나 하면서 아이들이나 챙겨주면 얼마나 좋을까? 농사를 안 짓고 남편이 벌어주는 돈으로 편하게는 살 수 없을까? 왜 우리는 아이들을 돌보면서 살면 안 되는가? 부모 대대로 내려오면서 가난한 집안에서 가난하게 살면서 그것이 정해진 운명인 양 그렇게 살아왔다.

나의 맘속에서 늘 현재 사는 상황에 만족하지 못했다. 사람은 일에 중독되고 삶은 충만하지 못한 현실을 이해할 수가 없었다. 우리가 사는 세상 외에 다른 더 충만하고 풍요로운 세상이 있는 줄은 상상도 못했던 것이다. 마음속에 만족스럽지 못한 삶을 바꾸고 싶고 더 이상 이렇게는 못 살겠다 싶어 일 중독 삶에서 탈출할 방법을 찾아내고 싶었다. 그때까지는 어떻게 해야 할지 전혀 몰랐다. 책을 읽기 전까지는 말이다.

부자 되는 길은 무엇인가? 어떻게 가난한 사람이 부자가 되어 여유로운 삶을 살아갈 수 있을까? 책을 많이 읽으면 과연 부자가 될까? 그러면서 부자들에 관한 책을 읽기 시작한다. 책을 한 권씩 읽어가니 책 속에 많은 지식들이 나를 기다리고 있었듯 나를 끌어당긴다. 책을 한 권 한 권 읽어가면서 나는 지금은 책 중독에 빠진 것 같다. 새벽부터 일어나서 책을 읽으면서 한시도 책을 손에서 놓지 않는다.

일할 때는 E-book으로 읽어주는 책을 듣는다. 늘 한순간이라도 책과 떨어지면 안 될 것 같이 항상 책과 가까이한다. 의도적으로 책과 가까이하려고 애쓴다. 심지어는 가족까지 무시하면서 책에 몰입한다. 온전히 나만을 위해서 책을 읽어야만 한다고 생각하였다. 다른 많은 부자들은 책을 많이 읽어서 부자가 되었으니 나도 무조건 책을 많이 읽으려고 생각하였다. 책에 대한 나의 집착은 날로 더 커졌다. 나는 완전히 미친 듯이 책읽기를 하면서 갈급한 마음을 달래려고 애썼다. 그러나 그 방법은 올바른 방법이 아니라는 것도 모른 채 말이다. 분명 독서를 이전보다 많이 하는데 왜 삶이 변하지 않고 날로 더 피폐해지는 걸까?

그러다 우연하게 심리 상담을 받을 수 있는 기회가 생겼다. 나는 중국에서 온 조선족으로서 여러 가지 다문화 혜택을 받을 수 있다. 그래서 아이들도 학교에서나 사회 단체에서나 여러 가지 혜택을 받을 수 있었다. 그 혜택 중 하나로 나와 자녀가 심리 상담을 받을 수 있는 기회가 생겼다. 6개월 정도의 시간을 이용할 수 있는 기회이다. 나는 날마다 피폐해지는 마음을 심리 상담 선생님에게 상담받는다. 책읽기를 좋아하는데 왜 피폐해지는지 물어보니 그는 명료하게 답을 해준다. 그는 나에게 이렇게 말했다.

"책을 읽는 것은 좋은데, 책을 왜 읽으세요?"

"부자 되고 싶어서요."

"왜 부자 되고 싶어요?"

"가난에서 벗어나고 더 풍요로운 삶을 살고 싶습니다."

"풍요로운 삶을 얻으면 무엇을 할 건가요?"

"빚을 우선 다 갚고 배우고 싶은걸 배우고 더 행복하게 살고 싶습니다."

"행복하게 산다는 게 무엇인가요?"

나는 대답을 하지 못한다. 내가 행복해지고 싶은 것은 내가 엄마로서 아내로서 그 위치를 지켜가면서 가족과 함께 행복하게 즐겁게 살고 싶었던 것이다. 나만의 행복이 아니었다.

그 상담이 있은 후로 책을 읽는 관점이 달라졌다. 무조건 부에 대한 책만 보는 것이 아니라 마음에 대한 책도 자신을 성장시키는 의식에 대한 책도 부부와 부모와 자녀 사이, 사람과 사람사이 관계에 관한 책을 읽어야 한다는 것을 깨달았다. 또 책을 읽으면서 성공자들은 모두 가족 우선으로 하고 가족과의 시간을 아주 중요하게 생각한다는 것을 알게 되었다.

새벽독서의 힘

그 후로부터 나는 독서를 해도 가족을 우선으로 하고 독서를 하기 로 마음먹었다. 마음을 다스리는 책을 읽고 또 사춘기 자녀에 대한 책을 읽기 시작하였고, 남편과의 관계를 위해 인간 관계론에 관한 책을 읽기 시작했다. 나와 남편과 자녀와의 관계를 우선으로 중요하게 생각한다. 가족과의 시간을 우선으로 여기며 나의 현재위치를 날마다 상기시킨다. 나는 아내이고 엄마이다. 이 가정은 나의 개인적인 발전도 좋지만 가정을 중심으로 남편과 아이들을 먼저 챙겨줘야 한다.

나는 새벽부터 책을 읽으면서 내가 행복하기 위해 책을 읽음을 늘 각인시킨다. 그때부터는 책을 읽는 삶이 행복해졌다. 성공만 하려고 했던 마음은 가정에서 행복을 찾도록 노력하게 하였다. 가정을 신경 쓰고 살림을 신경 쓰는 것이 우선이다. 가정이 안정될 때 성공을 하는 길이 열린다. 성공도 가정을 돌보는 기초에서 자연스럽게 따라 온다. 부에 관한 책만 읽을 때는 독서에 대한 편식이었었는데. 여러 가지 분야로 책을 읽으니 마음의 긴장감도 느긋해졌다. 마음에 조금은 쉴 수 있는 여유가 생겼다.

독서는 나를 성장시키기 위해 하는 것이고 가정이 행복하기 위해 하는 것이다. 이런 깨달음은 지금도 시간을 아껴 독서하기에 힘쓰도록 한다. 짬짬이 시간에도 계속 독서를 한다. 독서를 할 때 피곤하고 집중이 되지 않을 때도 많다. 이럴 때는 5분이라도 눈을 감고 심호흡을 하면서 잠시라도 쉬어준다.

아니면 집에서 독서하면 집안일도 잠깐 한다. 시간을 쪼개어 책을 읽고 집안일을 하면서 삶의 질서를 찾아 살아가야 한다. 가정을 챙기면서 하는 독서는 나에게 희망을 준다.

이동하는 시간도
독서 시간으로 활용하라

가난한 사람은 책으로 인해 부자가 되고,
부자는 책으로 인해 존귀하게 된다.
- 『고문진보』

지금은 스마트폰과 노트북만 있으면 어디서든지 돈을 벌 수 있는 비대면 시대다. 많은 젊은 사람들은 이러한 편리함을 인하여 새롭게 부를 창출하고 있다. 사람들은 코로나로 인해 삶이 더 어려워지고 있다고 하지만 비대면을 이용한 젊은 세대들은 오히려 기하급수적으로 부를 창출하고 있다. 젊은 성공 한 사람들은 자기계발 독서로 젊음을 뽐내며 마음껏 경제적자유와 부를 누리며 부모에게 용돈도 많이 드리며 사회에 선한 영향력을 끼친다. 같은 비대면 시대에 있지만 많은 사람들은 인터넷과 스마트폰의 노예가 되어 시간을 낭비하고 꿈과 목표가 없이 그냥 방황하며 현실세상인지 가상세상인지도 분별하지 못하고 혼돈 가운데 살아간다. 어른에서 어린이까지 스마트폰과 TV의 유혹에 빠져 인생을 낭비한다.

나는 편리한 스마트폰으로 나를 성장시키는 데 도움을 주기 위하여 요금 제도 데이터 무제한으로 바꾸고 E-book도 월정액으로 정하였다. 언제나 나에게 필요한 독서와 나를 유익하게 하는 영상이나 말씀들을 보기 위해서다. 월정액으로 하는 E-book에는 무한한 콘텐츠가 들어 있고 책이 아주 많다. 도서관을 들고 다닐 수 있는 것과 같아서 좋다.

우리는 부모님과 분가를 하여 우리의 논과 밭과 거리가 멀게 산다. 나는 오가는 길에 자가용으로 이동하기에 늘 운전을 한다. 운전을 할 때는 책을 볼 수가 없다. 그래서 월정액으로 된 E-book을 이용하여 오갈 때에도 책을 듣고 다닌다. 비록 중요한 것들을 메모하지 못하고 또 밑줄도 그을 수 없지만 그 시간에 책과 연결되어 있고 또 빨리 책 한 권을 들을 수 있어서 좋다. 밭에서 들에서 일할 때도 손은 계속 일을 하면서 책을 듣고 있다. 그러는 중에도 나를 변화시킬 수 있는 한두 구절을 발견하고 그것을 마음에 새긴다. 요즘은 듣는 것에 익숙하여 책 한 권을 2.4배속으로 듣고 있는데, 책 한 권을 2.5~3시간 사이에 다 들을 수 있다. 한 권 다 읽으면 또 다른 한 권을 읽을 수 있고 하루 종일 들으면 3~4권은 들을 수 있다. 한번 들은 책은 필요에 따라 2~3번 듣는다. 집에 오면 집안일을 하는 시간에도 책을 들을 수 있다.

나는 행동이 좀 느린 편이다. 집안일이 서투르기도 하지만 행동이 느린 관계로 집안일에 몇 시간씩 소요한다. 아이들이 3명이라 빨래가 늘 산더미 같다. 아이들 옷도 검은색과 밝은 색으로, 속옷과 양말은 따로 손빨래를 해서 다시 따로따로 세탁기 돌리고, 또 남편 옷은 늘 먼지와 흙투성이가 되어 따로 빨고 한다. 날씨가 좋을 때는 빨리 마를 수 있어 빨리 접을 수도 있지만 날씨가 안 좋고 비가 오는 날이면 빨아놓은 빨래는 마르지도 않고 빨아야 할 빨래는 자꾸 나온다. 이러한 상황에 건조기 있으면 좋겠지만 아직 건조기는 우리 형편에 조금 무리다. 집안일은 해도 해도 표가 나지 않고 시간만 많이 잡아먹는다. 많은 시간 책과 연결이 끊기면 시간이 낭비되는 것 같아서 아깝다. 그래서 설거지할 때도, 청소할 때도, 빨래를 갤 때도 늘 책을 들고 있다. E-book을 사랑하고 E-book에 미칠 정도다. 눈으로 보는 책보다 E-book으로 듣는 책 수가 더 많을 정도다.

만일 더 높은 수준의 책이나 더 많은 책을 원한다면 월정액을 한 단계씩 높이면 된다. 월 7,700원, 9,900원짜리가 있다. 지금 내 상황에서는 5,500원도 충분하다. 월정액이 5,500원이라고 해도 무한한 책을 읽을 수 있는 장점이 있다. 종이책 한 권은 15,000원 정도인데 그것을 생각하면 E-book이 좋다.

책을 쓰고 있는 요즘은 E-book의 중요성이 더 크게 느껴진다. 내가 집에 없고 어디라도 교육을 받으러 갈 때 나는 책장을 들고 다닐 수 없다. 내가 원하는 책을 E-book 북클럽에 다운로드 하면 수백 권, 수천 권도 다운이 가능하나 스마트폰 용량이 부족하기에 180여 권 정도 내 북클럽에 다운받고 있다. 다 읽고 나면 삭제하고 다른 것으로 다시 다운받는다. 또 E-book은 메모, 하이라이트 기능, 다 읽은 책은 별점 몇 개까지 달아줄 수 있고 리뷰도 달수 있도록 만들어졌다. 목차 기능도 있어서 책 쓸 때 참으로 편리하다. 필요한 목차, 필요한 내용으로 바로 들어갈 수 있다. 듣기 설정에서 속도와 음정을 조절할 수 있고 청력이 어느 정도 향상되면 더 빠른 속도로 들을 수 있다. 최고로 4배속까지 가능하다. 나는 2.2~2.4배속으로 듣고 있으니 청력을 발전시키려면 더 많은 책을 들어야 한다.

책과의 연결은 새벽 3시부터 저녁 잘 때까지, 눈으로 보든 귀로 듣든 책과 연결되어 있다. 책에 미쳐 있다 보니 하루 종일 삶이 충만하다. 책도 주제가 다른 거로 골라가며 읽고 듣고 하니 지루하지 않다. 가슴에는 책으로 인한 선한 욕망이 머리를 들고 있다.

E-book의 단점 중 하나는 바로 나오는 책이 아닌 시간이 조금 지난 책이라는 것이다. 그것도 오랜 시간 차이는 아니다. 몇 개월 정도 뒤에 나온다. 새로 금방 나오는 책은 E-book으로 나오지 않는다. 적어도 내가 쓰는 어플은 그러했다. 전에는 불편한 점이 좀 많았는데 얼마 전에 업그레이드되어 완

새벽독서의 힘

전히 사용하기 편한 어플로 거듭났다. 나는 E-book을 좋아하고 사랑하고 E-book에 미쳐 삶이 풍족하다. 한번에 10만 원씩 충전해놓고 원하는 책들을 구매한다. E-book은 종이책보다 많이 저렴하다. 어떤 책은 E-book으로도 사고 종이책도 구매한다. 집에서도 보고 들에서도 듣고 한다. 또 E-book은 한 사람 계정으로 3명까지도 다른 기기에서 로그인할 수 있다. 가족들이 E-book을 읽고 싶다면 3명이 동시 로그인하여 다른 책을 읽어도 된다. 남편과 나는 내 아이디로 로그인하고 각기 다른 책을 듣는다. 이 얼마나 편한 기능인가?

얼마 전에 책쓰기 교육 받고 택시 타고 집으로 올 때였다. 시간이 40~50분 정도 걸리는 거리여서 나는 가방에 읽고 있었던 책을 보고 있었다. 50~60대 되는 택시 기사님은 내가 책을 보고 있으니 호기심에 이런 저런 얘기를 하셨다. 본인도 전에는 책을 좋아했는데 요즘은 눈이 잘 안 보여서 책을 잘 못 보겠다고 하셨다. 또 많은 택시기사들은 고객을 기다리는 동안 수다 떨고 담배 피우고 시간 흘러 보내는 사람들 중에도 어떤 사람은 한자공부를 하는 사람도 있다고 하셨다. 택시를 타는 많은 사람들도 책을 읽지 않고 핸드폰만 만지고 게임이나 하고 문자나 한다고 하셨다. 그 기사님께 책을 드리고 싶은 마음이 생겨서 책을 드릴까 물으니 주면 좋다고 하셨다. 가방에 책이 여러 권 있었기에 한 권을 드렸다. 그는 고맙다고 인사를 건넸다. 택시가 고객을 기다리는 동안 책 한 권을 보셨으면 하는 마음에서였다. 그러는 사이 집으로 다 왔다.

다시 택시기사를 만난다면 다음에는 E-book을 적극 추천하려고 한다. 택시기사뿐만 아니라 책을 읽고 싶으나 생계를 위하여 육체적 일하는 모든 분께 강추하고 싶다. 추천한 어플을 이용하여 한 사람이라도 독서하는 인생으로 바뀔지 누가 알까?

E-book의 좋은 점은 이러하다.

1. 움직이는 도서관이다.
2. 수시로 접할 수 있는 도서관이다.
3. 책을 들면서 볼 수 있다.
4. 읽은 책은 자동으로 독서라이프에 정리된다.
5. 서평리뷰를 바로바로 할 수 있다.
6. 몇 번이고 반복해 들을 수 있다.
7. 북클럽에 추가된 책들을 검색할 수 있다.
8. 코로나 시기 도서관은 문을 닫지만 E-book 북클럽은 문을 닫지 않는다.

E-book은 나의 삶의 성격과 잘 맞는다. 나의 독서 욕구를 자극하고 E-book 북클럽샵 에서 나의 클럽, 즉 나의 개인 책꽂이로 책을 고르는 재미 또한 쏠쏠하다. 나는 E-book을 통해 날마다 많은 새로운 책을 접한다. 영성에 관한 책, 인문학, 철학, 심리학, 독서, 책쓰기, 자존감, 재테크 등 모든 분야

　　　　　　　　　　　　　　　　새벽독서의 힘

의 책들을 다 접할 수 있어서 너무 행복하다. 내가 읽고 싶은 책을 선택만 하면 얼마든지 읽고 들을 수 있는 책들로 오늘도 나는 모든 면에서 점점 더 나아지고 있다. 나는 지금도 100권, 200권, 300권, 나아가서 1,000권, 10,000권에 도전한다. 나의 독서의 임계점을 초월하면 그때부터는 지금보다 훨씬 더 행복한 날들이 기다리고 있을 것이라 믿고 있다.

나는 E-book 개발자에게 감사한다. 좋은 어플을 만들어 주고 나 처럼 책 쓰기 시작한지 얼마 되지 않은 초보 작가에게는 더없이 편하고 유용한 어플이다. E-book으로 인하여 나는 더욱더 독서에 미쳐간다. 나는 E-book을 사랑한다.

3장

하루를
2배로 사는
새벽 시간
활용법

나는 새벽독서로
새 희망을 찾았다

인생은 점들의 연속이다.
우리가 찍은 점들은 어떤 식으로든 미래로 연결된다.
– 스티브 잡스

내가 새벽독서를 하기 시작해서 삶이 변화되기 시작하였다. 삶에 대한 마음가짐이 도망가고픈 마음에서 문제를 직면하고 나아갈 수 있도록 큰 용기를 가지고 도전하는 마음으로 바뀌었다. 삶의 고난도 나 혼자만의 고난이 아님을 알게 되었다. 삶은 어느 누구나 다 힘들지만 그것을 어떤 관점으로 보냐 하는 것이다.

삶을 변화시키는, 살아 있는 책읽기는 『본깨적』 책읽기로 통한다. 『본깨적』 책읽기는 강규형 대표에 의해 많은 사람들에게 확산되었다. 『본깨적』 첫 시도는 이랜드다. 이랜드는 우리나라 최초로 독서경영 시스템을 도입한 회사로 유명하다. 강규형 대표는 이랜드만의 독특한 시스템을 삶과 업무에 적용했다. 그때의 경험은 지금의 보고 깨닫고 적용하는 책읽기를 발전시키는 데 큰 도움이 되었다.

사람들은 자기가 보고 싶은 것만 보는 경향이 많다. 특히 고정 관념이 강한 사람일수록 더 심한 경우다. 보통 사람들은 책 한 권을 다 읽었다는 뿌듯함을 가진다. 그러나 책 속에서 무엇을 읽었는지는 기억에 잘 남지 않을 때가 있다. 특히 자기계발서 같은 책을 볼 때 저자의 관점에서 보면 사고를 확장하고 새로운 지식을 습득하는 데 도움이 되기 때문이다. 저자의 관점에서 책을 보면서 스스로 느끼고 깨달은 것은 나의 삶을 변화시키는 원동력이다.

새벽에 자기계발 책을 읽으면서 성장해갔다. 의식 분야의 책은 놀라운 능력이 있었다. 의식은 우리의 전부이다. 낮아지고 찌그러진 우리 참 자아를 불러 일으켜주고 감싸주고 사랑할 수 있도록 해준다. 늘 자신이 아무 쓸모없다고 생각했던 나는 의식에 관한 책들을 읽으면서 나는 얼마나 소중한 존재인가를 깨닫게 된다. 의식에 관한 책은 나의 죽었던 가슴이 뛰도록 만들었고 나의 부정적인 생각의 고정된 판을 '나는 아무것도 할 수 없는 존재다'에서 '나도 할 수 있는 존재다'라고 뒤집어놓았다. 나는 더 이상 움츠러든 존재가 아니다.

『허공의 놀라운 비밀』이라는 책을 운명처럼 만났다. 이 책은 〈한책협〉에 김도사님이 유튜브에서 소개하신 우주의 놀라운 비밀에 관한 책이다. 우주와 마음, 인간의 영혼에 관하여 저자가 천문학, 물리학, 생물학, 뇌 과학, 의학, 심리학 등을 섭렵하며 학문적 영역을 확장하던 어느 날 이 우주는 모든 것이 '나'를 중심으로 하여 하나로 꿰어져 있고 연결되어 있는 풍요로운 '관계'임을 각성하고 이 진리를 자신을 잃어버린 청소년을 비롯한 많은 사람에게 '내'가 우주의 중심이라는 것을 알려주고 빈곤의식에서 벗어나 풍요롭고 행복한 삶을 살수 있도록 인도하는 것을 사명으로 받아들이고 저술하였다. 이 책을 읽는 순간 『성경』이 비로소 눈에 들어오기 시작했다.

「창세기」 1장 26~28절에는 이런 말씀이 있다.

"하나님이 이르시되 우리의 형상을 따라 우리의 모양대로 우리가 사람을 만들고 그들로 바다의 물고기와 하늘의 새와 가축과 온 땅과 땅에 기는 모든 것을 다스리게 하자 하시고 하나님이 자기 형상 곧 하나님의 형대로 사람을 창조하시되 남자와 여자를 창조하시고 하나님이 그들에게 복을 주시며 하나님이 그들에게 이르시되 생육하고 번성하여 땅에 충만 하라, 땅을 정복하라, 바다의 물고기와 하늘의 새와 땅에 움직이는 모든 생물을 다스리라 하시니라."

그전에 이 말씀을 몇 번이나 읽었을 때는 별로 삶의 의미를 깨닫지 못하였다. 문자로만 읽고 말았다. 의식 방면의 책을 접하면서 나는 『성경』의 내용들을 알아가며 『성경』의 내용들이 가슴에 꽂히기 시작했다. 나는 『성경』을 보면서 더 많은 깨달음을 얻게 되었다.

우리는 인생을 풍요롭고 사랑하고 기쁨을 누리며 사는 것을 당연하게 생각하며 살아가야 한다. 그런데 우리의 잘못된 의식으로 우리는 마땅히 누려야 할 것을 누리지 못하고 돈의 노예로 살아가고 있었다. 삶에 목표가 없이 날마다 짓눌려 살아왔다. 이제 나는 깨달았다. 예수님이 "새 포도주는 새 부대에 넣으라."라고 말씀하듯이 내가 그렇게 살게 된 고정된 관념, 낡은 의식은 판을 뒤집고 의식을 다시 새롭게 해야 한다. 나는 하나님의 형상을 닮은 사람으로서, 신의 일부로서 이 세상에서 그 어떤 경험이든지 체험하러 왔으니 즐겁게 체험하고 다시 천국으로 돌아가면 된다. 그러니 하는 일마다 즐겁게 하기로 결심했다. 어차피 해야 할 일을 기쁘게 즐겁게 하기 시작하니 마음에 감사가 넘친다. 날마다 같은 일상이고 같은 패턴의 삶이지만 일 하면서 감사하는 삶은 더 많은 감사를 낳게 된다.

「데살로니가전서」 5장 16~18절에는 이런 말씀이 있다.

"항상 기뻐하라. 쉬지 말고 기도하라. 범사에 감사하라. 이것이 그리스도 예수 안에서 너희를 향하신 하나님의 뜻이니라."

『성경』은 우리가 기뻐하고 기도하고 감사하는 삶을 사는 것이 하나님의 뜻
이라고 한다. 이처럼 분명한 말씀임에도 불구하고 많은 사람들은 아직도 삶
에 허덕이고 있다. 의식의 차이인 것이다. 스스로를 별 볼일 없는 존재로 한
계를 지어놓고 한계에 부딪힐 때마다 절망하고 일어설 힘을 빼앗기고 움츠러
들어서 나중에 자기 자신도 없는 삶을 살아간다. 자신이 어디 있는지, 어디로
가고 있는지, 무엇을 위해서 살아야 하는지를 모르니 삶이 우울해지기 시작
했다. 나는 점차 나 자신을 알아가고 내가 살아가는 이유도 책 속에서 배우
며 나는 어디서 와서 어디로 가야 하는지도 책 속에서 배워나갔다. 이런 과정
은 인간이 다 겪는 과정이라고 책에서 배운다.

『초인 대사들이 답해주는 삶의 의문에 관한 100문 100답』(이하 『초인 대
사 100문 100답』) 에서는 토니 & 에버츠 부부가 영적인 마스터들과 채널링
하면서 인간의 삶에 관한 100문 100답과 그 외에 인간에 관한 질문에 관한
영적인 존재에 대해 이야기를 나누는 책이다. 에버츠 부부의 '진정 나는 누구
인가' 하는 질문에 예수님이 대답해주신다. 인간은 하나의 영혼이며 인간의
삶을 체험하기 위해 이 시기에 지구상의 한 몸으로 육화했다고 하신다. 신의
힘이 전지전능하고 거대한 에너지라고 상상할 수 있다면 자신들은 거대한 에
너지의 일부분이라는 것을 깨달아야 한다고 하셨다.

인간의 고향은 플레이아데스라는 5차원의 영적 세상에서 용감한 존재들이 영적인 상승을 체험하기 위하여 3차원인 지구에 내려왔다고 한다. 그들은 지구에서의 삶을 태어나기 전부터 체험하려고 계획을 하지만 태어나면서 모든 것을 망각의 베일에 싸여 기억을 잊어버린다. 태어나고 유년기 청소년기 어른시기, 결혼하고 아이 키우고 늙어가고 죽어가는 삶을 거치면서 수많은 고난으로 좌절하고 그중에서 깨닫고 성장하고 이렇게 사람의 인생은 원래 태어날 때부터 고난인 것이다. 살아가면서 점점 영적 성장을 하여 지구의 3차원 존재에서 플레이아데스라는 5차원 고향으로 돌아가기 위하여 영적으로 성장하고 발전하려고 하니 삶이 고달픈 것이 당연하다. 그러나 우리가 시련을 이길 수 있는 힘을 갖고 태어났다는 것을 망각하고 있다.

『성경』에서도 하나님은 우리가 감당하지 못할 시험을 주지 않으시며 감당하지 못할 시험이 닥칠 즈음에 헤쳐 나갈 수 있는 길을 열어주신다고 하신 말씀이 생각난다. 나는 하나님을 믿으니 『초인 대사 100문 100답』이 책이 이해가 된다. 인생이 어디서 와서 어디로 가고 왜 고해인 줄을 알고 나니 삶이 두렵지 않다. 삶에 맞설 용기가 생기며 모든 것은 이미 태어나기 전부터 체험하기 위해 계획을 세운 것이기에 일어날 일은 반드시 일어날 것임을 알게 되었다. 더 이상 누구의 탓도 하지 않을 수 있다. 이 모든 것은 본인 스스로 계획했던 것이다. 스스로 한 계획이니 스스로 생각을 바꾸면 아무리 힘든 시련이라도 다 이겨 낼 수 있다.

이런 책은 계속 보면 볼수록 삶의 질을 높이고 지혜를 키우며 마음가짐을 키워준다. 일반 책에서 이 책처럼 명확하게 인생을 얘기해주는 책이 없다고 본다. 여러분에게 이 책을 강력추천하고 싶다. 나만 인생의 의미를 아는 것이 아니라 다른 많은 사람들도 인생의 무게를 덜고 인생의 의미를 깨달았으면 좋겠다는 마음이 들어서이다. 이 책을 읽으면서 내 마음에 무거운 짐들을 내려놓을 수 있다. 『성경』과 같이 보면 정말 놀라운 결과를 나타낼 수 있는 책이다. 자신의 혼란스러운 존재를 알게 되니 삶의 우울함을 이겨 낼 수 있다.

이제 의식 방면에 눈을 떴으니 다시는 찌그러지고 움츠러든 삶으로 돌아가지 않는다. 나는 책을 통해 미래를 변화시키고 책을 통해 나를 더 멋지고 아름다운 삶으로 이끌어갈 것이다. 내가 모르는 것들을 하나씩 책에서 배우면서 책에서 추천해주는 방법대로 하나씩 실천해 나가면서 더 멋진 나로 거듭나고 더 아름다운 미래를 창조해 나갈 것이다.

새벽 기상 후
하루 계획을 세우라

하루 중 가장 먼저 하는 일이 가장 영향력이 큰일이다.
왜냐하면 그것이 나머지 하루에 대한 당신의 마음가짐과 환경을 설정하기 때문이다.
– 웨번 페이건

새벽을 지배하는 자는 하루를 지배한다고 생각한다. 새벽 기상 후 하루를 책읽기로 시작하면서 스스로 오늘 하루에 대한 계획을 세운다. 새벽에 독서를 1순위로 하고 들에 가는 날은 들에 가고 집에 있는 날은 밀린 집안일을 하면서 집안일도 잘해 나간다.

나는 새벽에 책을 읽으면서도 데드라인을 정한다. 3시~5시30분까지 의식에 관한 책을 읽는다. 책을 읽으면서 내가 발전하고 성장하는 제일 빠른 부분은 의식에 변화를 주어 의식부터 바꾸고 나면 삶은 자연히 성공으로 향해 나아간다. 긍정적 의식이 긍정적 삶을 이끌어가고 낮은 의식이 낮은 삶을 이끌어가기에 항상 의식을 부자의 긍정적 의식으로 바꾸도록 노력해야 한다.

주부이고 엄마이기에 남편과 자녀를 챙기고 가정을 잘 돌보는 것이 내가 당연히 살아가야 하는 삶이다. 남편은 아침을 6시 30분 전에 먹고 일하러 가야한다. 30분 정도는 아침 준비를 해야 하기에 내가 책읽기에만 집중하면 그날 아침에 남편은 굶는다. 그러나 독서 시간을 끊고 아침을 준비하면 남편과 아이들에게 더 정성어린 밥상을 차려줄 수 있다. 이렇게 일에 데드라인을 정하는 법도 책 속에서 배웠다.

처음에는 책 읽는 것만 좋았고 시간 개념이 없이 오로지 책만 읽었다. 아침도 대충 차려줬다. 그러던 중 『강남 사모님의 특별한 조언』이라는 책을 읽으면서 나는 조금씩 깨닫는 게 있었다. 월급쟁이 남편도 이건희 회장 모시듯 하라고 한다. 여자는 평생 여자로서 늙어서도 어여뻐야 한다는 것을 깨달았다. 그 책에서 강남 사모님은 남편의 일을 내조하는 것을 우선순위에 놓고 자녀 교육도 남편이 밖에서 일하는 동안 모든 문제는 엄마의 몫으로 당연하게 여기며 밖에서 고생하는 남편을 육아에 끌어들이지 않는다. 그렇게 남편들은 온전히 밖에 일에만 집중하고 더 큰 성과를 이룰 수 있다. 그녀들은 남편을 육아에 끌어들이는 일은 남편의 능력을 낮추는 일임을 알고 있다. 그들은 그들만의 당당함으로 자녀들을 키운다. 그녀들은 정숙하고 예의바르고 똑똑하고 모든 것을 똑 부러지게 잘한다. 그들은 강남이라는 부자동네에 살면서도 자신의 위치에서 자신의 삶을 주체적으로 잘 이끌어간다.

나도 강남 사모님처럼 성공한 삶을 살고 싶었다. 나는 엄마로서 아내로서 내가 선 위치에서 흐트러짐이 없이 올바른 삶으로 꿋꿋이 지켜나갈 때 우리 가정은 평화와 조화를 이룰 수 있음을 알게 되었다. 내가 이리저리 흔들릴 때 모든 것이 흔들리고 더 어려운 상황을 만들어 냄을 알았다. 때문에 나는 마음의 근육을 키우고 근력을 키워야 한다.

40대는 20~30대와 달리 자유스럽지 못한 현실을 인정해야 한다. 가정이 없는 그들은 자유롭기에 자신이 원하는 삶을 살고 자신을 위해서 자기계발을 힘쓰지만 가정이 있고 주부인 사람은 자기계발도 가정을 돌보면서 해야 한다. 처음에 나 혼자만이라도 책을 읽고 발전하고 싶은 마음에 가정도 잘 돌보지 못했다. 그러나 책을 보면서 나의 독서는 잘못되었고 내가 가정에 충실할 때 내 삶이 더 만족스러움을 깨달았다. 내가 좋아하는 신들도 내가 남편과 자녀에게 사랑을 베풀면서 기쁘게 즐겁게 행복하게 살아가는 것을 좋아한다는 것을 깨달았다. 내 마음에 풍요를 누리니 삶이 점점 변화되어가고 남편과 자녀에게도 더 많은 관심과 사랑을 부어줄 수 있었다.

새벽독서의 힘

『초인 대사 100문 100답』을 읽으면서 내가 지구에서 살아가면서 이루고싶은 여러 가지 목표를 정리했다. 인생을 살아가면서 개인적인 삶의 계획과 세계적인 삶의 계획이 있다는 것을 깨달았다. 한번 살펴보자.

[나의 삶의 계획]

1. 내가 지구의 삶을 선택했고 남편과 자녀를 선택했고 농부의 삶을, 작가의 삶을 선택했다.

2. 나는 나의 삶을 잘 살아가야 할 사명이 있다. 남편과 자녀를 잘 돌보아야 할 사명을 가진다.

3. 나는 이 생에서 남편과 자녀를 무조건적인 사랑을 하며 아내이자 엄마인 삶에 충실하고 집안 살림에 충실하면서 돈을 번다.

4. 나는 남편과 자녀(이웃)에게 용기를 불어넣어 그들이 가진 영적 본성을 계발할 수 있도록 도와준다.

5. 남편과 자녀의 우울함을 고쳐준다.(최선은 무조건적인 사랑)

6. 나는 자기책임, 무한한 사랑, 그리고 고차원적인 영적 힘에 대한 이해를 삶에 실천한다.

7. 나는 작가의 길을 가며 계속적으로 책을 읽고 책을 써내며 자료를 수집한다.

8. 나는 블로그 〈새벽독서하는농부작가〉, 카페 〈새벽독서연구소〉, 인스타 〈새벽독서하는 농부작가〉, 유튜브 〈책쓰는 농부TV〉 등으로 수집한 자

료를 공유한다.

[세계적인 계획]

1 나는 많은 사람들의 의식 상승을 도와줌으로서 그들로 하여금 새로운
   삶을 살게 한다.

2. 나의 고향은 평화롭고 풍요로우며 무조건적인 사랑을 하는 플레이아데
   스이다.

3. 나는 지구에서 영적인 것에 삶의 기초를 두고 있으며, 물질적인 가치에
   두지 않는다.

4. 나는 모든 생명체를 존중한다.

5. 나는 혹독한 지구 상황을 변화시키기 위해 이 지구에 육화되어있다.

6. 나는 지구에서 플레이아데스의 삶을 창조하도록 도전을 받아들인다.

이렇게 삶의 계획을 세워놓고 보니 삶이 한층 업그레이드된다. 지구에서의 최종 목적은 자기 책임과 무조건적인 사랑과 영적인 힘을 믿고 성장하여 플레이아데스에 돌아갈 수 있도록 완벽한 존재로 되는 것이다. 3차원 지구에서 5차원 고향으로 돌아가는 것이 삶의 목적이다. 아직까지 완벽하지 않고 아직까지 많이 서툴지만 그 목적을 이루기 위해 자신을 뼛속까지 갈고닦아야 한다.

새벽독서의 힘

내가 변하고 가정이 변하면 이웃과 사회가 변화된다. 그래서 나는 온전히 사랑으로 사는 것이 지구를 변화시키는 삶이라고 생각한다. 전에는 내가 내 삶을 사는 것이 지구에 무슨 영향 끼치나 했지만 지금은 나 한 사람만이라도 변화하는 것이 영향을 끼침을 깨닫기에 더 노력한다.

『초인 대사 100문 100답』을 읽기 전에는 늘 성공에 메말랐다. 항상 성공을 하고 싶었다. 항상 부자로 되어서 나누고 싶다는 생각을 가졌다. 그러나 이 책을 읽으면서 나의 성공에 관한 관점이 바뀌었다. 나는 나에게 맡겨진 가정을 잘 돌보는 것이 나의 이루어야 할 일이고 내가 바라는 성공이라는 것을 깨달았다. 자녀를 돌보면서 책을 써가면서 1인창업의 길로 나아가는 것이 성공으로 가는 단단한 길임을 알게 되었다. 1인창업을 위해서 아직 준비해야 할 것들이 많다. 이때까지 이 세계를 모르고 있다가 지금 새롭게 접하는 1인창업의 세계는 책을 쓰는 것을 기본으로 한다.

김도사님의 '책을 써서 성공하자'는 말씀을 깨닫고 책을 쓰는 일을 시작했고 그 일에서 한 단계씩 발전해 나가는 것이다. 그러면 직장에 얽매이지 않고도 자녀를 돌보면서도 내가 좋아하는 일을 할 수도 있고 부의 길로 갈수 있고, 이렇게 생각하니 인생을 살아가는 방향이 보인다.

삶의 계획이 있고 방향이 보이면서 그것을 이루는 실행력을 키워가야 하기에 오늘도 새벽에 일어나 독서를 하고 있다. 지금 현재 쓰고 있는 『새벽독서의 힘』은 그 힘이 참으로 강하다. 20여 년 동안 바뀌지 않던 내가 40대에 이르러 변화하고 꿈을 꾸고 삶의 방향을 알아갔으니 얼마나 놀라운 일인가? 처음에는 독서의 힘을 별로 느끼지 못했다. 아마 지금이 임계점을 넘는 시기가 아닌가 싶다. 습관적인 새벽독서는 이제 내 삶을 선순환으로 이끌어간다.

새벽독서의 힘

새벽 1시간이
낮 3시간과 맞먹는다

기회를 기다리는 것은 바보짓이다.
독서의 시간이라는 것은 지금 이 시간이지 결코 이제부터가 아니다.
오늘 읽을 수 있는 책을 내일로 넘기지 말라.
– H. 잭슨

새벽은 마음먹고 일어나는 누구에게나 활용하기 가장 좋은 시간대다. 새벽은 누구에게도 방해를 받지 않는 시간으로서 집중력을 향상할 수 있어서 무엇을 하든 평소보다 배의 효과를 거둘 수 있다. 새벽에 일어나 자기계발을 위하여 운동이나 독서를 한다면 많은 성과를 낼 수 있다. 많은 성공한 사람들도 새벽 시간을 활용했기에 성공을 할 수 있었다.

빌프레도 파레토가 부의 문제를 연구하다가 발견했다. 80/20의 법칙이 있다. 세상의 수십억 인간중 상위 20%는 80%의 사람을 다스리고 20%의 부자는 세계 80%의 돈을 다스리며 하루의 20% 시간은 새벽에 있다. 새벽을 지배하는 자는 하루를 지배한다. 하루 24시간의 20%는 4.8시간이다. 이 4.8시간 중에 출근 전 2~3시간 활용 가능한 시간이다. 2~3시간 운동하고 독서할 수 있는 시간으로 정하면 그대의 삶은 바뀔수 있다. 운동 30분 정도, 독서 2시간~2시간 30분 정도의 시간배분은 건강한 몸과 건강한 정신을 만들어갈 수 있다. 나머지 시간은 출퇴근 시간, 근무 중 쉬는 시간, 점심 후 쉬는 시간, 승강기 기다리는 시간 등을 활용하면 하루 자신을 위하여 온전히 4.8시간을 투자할 수 있다.

하루 한 시간도 자신을 위해 투자하지 않는 사람에 비해 4.8시간을 온전히 자신만을 위해 투자하는 사람은 얼마나 많은 변화를 이루는가? 하루 4.8시간이면 한 달이면 144시간, 1년이면 1,728시간을 다른 사람보다 더 많이 자기계발을 할 수 있다. 이 얼마나 놀라운 시간인가? 1,728시간을 독서와 운동으로 자기계발 시간을 확보하면 3~4시간에 한 권을 읽는다 해도 490여 권 정도의 책을 읽을 수 있는 시간이다.

나는 주부이고 농부이고 작가이다. 나에게는 새벽은 더없이 소중한 시간이다. 남보다 낮은 학력을 극복하고 뭔가를 이루어가는 시간은 오직 새벽밖에 없다. 새벽 3시간 정도 활용해서 독서를 하고 책을 쓰는 일을 한다. 보통 하루 새벽에 한 꼭지씩 쓸 수 있다. 그러면 40일 정도 되면 책 한 권의 분량을

새벽독서의 힘

쓸 수 있다. 지금은 초보 작가지만 좀 더 노련한 작가라면 더 엄청난 원고를 써내려갈 수 있다. 새벽 5시 반부터 아침 식사를 준비한다. 나는 아침 식사를 준비하면서도 밥과 국을 끓이는 시간도 책을 읽는다. 지금의 나는 독서에 미쳐 있다고 말해도 과언이 아니다. 독서에 미쳐 있는 나는 독서하는 시간이 행복하고 독서하면서 마음에 힘을 키우고 생각을 키우며 나의 그릇을 키우는 이 새벽 시간과 독서하는 시간으로 남편에게도 자녀에게도 더 잘할 수 있는 마음이 생긴다. 내가 행복하기에 행복한 에너지로 가정을 돌볼 수 있어서 우리 가정은 더 행복한 미래가 기다리고 있다.

〈한책협〉 김태광 코치님은 저서 『출근 전 2시간』, 『천재 작가 김태광의 36세 억대 수입의 비결, 새벽에 있다』 등에서 보다시피 새벽 시간을 활용하여 자수성가한 부자다. 그에게 성공 비결을 묻는다면 그는 새벽에 그 비결에 있다고 했다. 그는 새벽 시간을 활용하여 철저한 계획과 노력으로 1인 기업가로 우뚝 설 수 있었다. 그는 『출근 전 2시간』에서 "시간과의 싸움에서 이기지 않으면 절대 인생을 지배할 수 없다. 오히려 시간에 지배를 당하게 된다."라고 충고한다. 그는 돈의 복리보다 시간의 복리가 더 무서운 법이라고 말한다. 새벽 5시에 일어나서 원고를 쓰면서 이룬 성취감과 보람은 배가 되어가고 마음은 더욱 홀가분해졌다. 그가 저녁형 인간이었을 때는 새벽 늦게까지 원고를 쓰고 낮에 일어나면 머리가 무겁고 조급한 마음이 생겼다고 했다. 그런 사람이 저녁형 인간에서 새벽형 인간으로 바뀌니 우울증도 나아지고 더 멋진 결과로 이어졌다. 그는 지금 모든 꿈과 목표를 실현할 수 있었던 것은 새벽 시간을 잘 활용했기 때문이라고 자신 있게 말한다.

새벽형 인간은 하루를 지배하고 인생 전반을 지배한다. 그들은 시간에 끌려 다니는 대신에 시간의 주인이 되어서 시간을 컨트롤한다. 인생은 시간이고 시간을 컨트롤 하니 삶을 더 자주적으로 살아간다.

새벽에 일어나는 것은 성공 씨앗을 심는 일이다. 농부라서 씨앗을 심고 싹이 나고 잎이 나고 꽃이 피고 열매 맺는 일을 알고 있다. 새벽 시간 활용도 마찬가지다. 자신을 위해 운동을 하든 독서를 하든 투자를 하면 상응한 결과가 나온다. 자신에게 투자한 만큼 좋은 열매를 맺는다. 30분 정도 산책을 하고 독서를 하면 하루를 몸과 마음이 상쾌하게 시작하는 기분은 덤이다. 자신에게 투자하는대로 10배, 100배의 열매를 맺는다.

베스트셀러 작가 토니 로빈스와 자기계발 전문가이자 CEO한 에번 페이건의 대담 동영상에서 토니는 이렇게 질문한다. "성공의 1번 열쇠는 무엇이었나요?" 에번의 대답은 "매일 아침을 나만의 의식으로 시작하는 것입니다. 그것이 성공으로 가는 가장 중요한 열쇠입니다."였다. 그러면서 에번은 아침 운동의 중요성에 대한 이야기를 이어갔다.

146

"매일 아침 자느라 느려진 심장박동과 혈액 순환의 속도를 높이고 폐에 새로운 산소를 채워야 합니다. 한낮이나 하루가 끝나가는 때가 아니라 아침이어야 합니다. 팔 벌려 뛰기도 괜찮고 팔굽혀펴기도 상관없습니다. 눈뜨고 일어나서 10분만 투자해보세요."

나도 최근에는 딸과 같이 아침 5시에 일어나 줄넘기를 한다. 초등 6학년인 딸아이가 스스로 5시에 일어나 줄넘기를 하려고 제안했다. 나로서는 더없이 좋은 것이다. 나는 아이들도 나처럼 새벽형이 되기를 바란다. 내가 새벽에 일어나서 할 수 있는 일이 많기에 아이들도 새벽에 일어나서 어릴 때부터 시간관리를 하는 것을 배우기를 바랐다. 이렇게 새벽에 일어나면서 더 자주적으로 시간을 관리하고 공부하고 뇌에 좋은 아침 공기를 마시게 되어 그의 미래는 더 나아질 것으로 기대된다.

"우리는 모두 똑같이 일주일에 168시간을 받는다."

케이트 히니의 말이다. 새벽 시간을 활용하여 시간을 주관 하는 사람에게는 168시간이 남고 여유 있지만 새벽 시간을 늦잠으로 날려버린 사람에게는 시간에 끌려다니는 분주하고 바쁜 삶을 살아간다. 그들은 늘 다른 사람과 같이 받은 168시간이 모지란다. 그러면서도 그들은 TV나 인터넷이나 스마트폰에 빠져서 몇 시간씩 거기에 할애하고 있다. 그러니 시간이 모지란 것은 당연한 일이다.

『미라클 모닝』이라는 세계적인 베스트셀러가 있다. 이 책이 한국에 나오면서 미라클 모닝 붐을 일으켰다. 지금도 많은 사람들은 미라클 모닝을 실천하고 있다. 『미라클 모닝』은 새벽 일찍 일어나야하는 이유를 만드는 것이다. 우리의 내부 세계와 외부 세계를 주도적으로 개선시킬 수 있다면 무슨 일이든 삶에 가치를 더 하고 목표에 한걸음 더 다가가기 위해 시작하는 것이다.

새벽에 일어나기로 결심하였다면 포근한 이불을 박차고 나올 용기를 가져야 한다. 하루를 어떻게 좋은 날을 보낼지 결과를 상상하며 그린다. 새벽3시에 자리에서 벌떡 일어나고 세수 하고 양치하며 따뜻한 물 한잔을 마신다면 잠 속에 있던 뇌는 깨어난다. 6분의 들숨과 날숨, 감사 일기, 하루 계획을 생각하면서 자주적인 일을 하기 시작한다. 나는 책을 집필하는 시간을 1순위에 놓았다. 원고 집필 속도를 높이기 위해 이 첫 시간을 원고 쓰는 데 할애한다. 이 시간은 온전히 집중하여야 하기 때문에 최상의 시간이다. 사람이 하고자 하는 일을 순서대로 정하면 하루가 흔들리지 않는다. 단지 자신이 세운 계획대로 하루를 움직이면서 살면 된다.

원고를 1~2시간 정도 쓰고 5시 되면 줄넘기를 하러 간다. 5시부터 5시 30분까지 내려가서 줄넘기 1,000개와 계단으로 올라오기를 한다. 우리는 14층에 살기에 웬만하면 올라올 때 계단을 이용하여 운동을 한다. 계단을 오르면서 한 발자국에 '감사합니다', 한 발자국에 '사랑합니다'를 마음속으로 말하면서 올라온다. 그러면 하루 종일 몸과 마음이 충만한 상태를 이루면서 하루의 삶이 충만해진다. 나는 이 계획을 계속 꾸준히 실행하기를 원한다. 딸아이도 꾸준히 하면 분명 변화가 생길 것이다. 이렇게 한번 변화를 일으켜 더 멋진 미래를 지금 이 순간부터 만들어간다.

우리 속담에 이런 말이 있다.

'새벽에 일찍 나는 새가 벌레를 더 많이 잡는다.'

이때까지 끌려다닌 삶에 진절머리가 나고 내 삶을 바꾸고 싶은 확실한 목표가 있기에 나는 새벽이 더없이 즐겁다. 정확하게 인풋과 아웃풋을 하면서 몸도 더 예뻐지기를 원하면서 시작하는 책쓰기와 줄넘기 2가지만 생각해도 삶에 재미가 붙는다.

80%의 일을
오전에 끝내라

성공의 첫 번째 요건은 육체적, 정신적 에너지를 낭비하지 않으면서
하나의 문제에 집중할 수 있는 능력이다.
- 토머스 에디슨

『하버드 집중력 혁명』이라는 책에서 집중력이 목표를 이루는 필수 도구라는 것을 밝힌다. 저자 애드워드 할로웰은 하버드 의과대학 교수이다. '주의력 결핍 성향(ADT)'을 최초로 규정하고, 수십 년간 집중력과 생산성 문제를 연구했다. 저자는 인생의 주도권을 쥐는 일은 '집중력'에 달려 있다고 강조한다. 또한 주의력 결핍 성향과 관련해 우리가 알아야 할 모든 것을 말해준다.

왜 많은 사람들이 집중력의 중요성을 알면서도 쉽게 집중하지 못하는 것일까? 주변에 방해요인이 많기 때문이다. 이 책은 집중력 문제에 관한 온갖

사례와 대처 방안을 제시하고 있다. 아울러 '누가 더 자신을 사랑했는가에 따라 하나의 목표에 초점을 맞춘 명료한 정신 상태를 가질 수 있고, 그것이 '성공의 열쇠'라는 사실을 강조한다. 모든 성공은 '집중력 싸움'에서 승리한 결과다. 집중력을 유지하고 목표를 달성하기 위해서는 기운, 감정, 참여, 체계, 제어라는 5가지 요소가 필요하고, 이를 바탕으로 계획을 세우고 실천하면 최고의 성과를 올릴 수 있다고 가르친다. 우리의 삶을 결정하는 '집중력'을 만드는 5가지 요소를 좀 더 자세히 살펴보자.

첫째는 기운이다. 충분한 수면, 균형 잡힌 식사를 하고 있는지 규칙적인 운동을 하고 있는지, 명상의 시간을 갖는지, 주변 사람들과 원만한 관계를 유지하고 있는지 살펴보라. 이 다섯 가지가 뇌에 에너지를 공급하고 우리 몸의 기운을 돋게 하고 집중력을 높여준다. 둘째는 감정이다. 감정은 우리에게 가장 막강한 협력자가 될 수도 있지만, 반대로 가장 최악의 적이 될 수도 있다. 자신을 흥분시키는 것과 정서적인 약점이 무엇인지 파악해보라. 그것이 감정을 조절하는 방법이다. 셋째는 참여다. 최고의 성과를 올리려면 그 일에 푹 빠져서 적극적으로 해야 한다. 내가 지금 하고 있는 일에 더 열심히 참여하는 것이야말로 집중력을 키우는 가장 좋은 방법이다. 넷째는 체계다. 집중력은 곧 계획에서 비롯되고 계획은 곧 체계적인 우리의 생각에서 비롯된다. 체계는 우리가 궤도를 벗어나지 않고 나아가는 길에 오롯이 집중할 수 있게 해준다. 다섯째는 제어이다. 아무리 좋은 것이 유혹해도 제어하는 능력은 가장 큰 집중력의 핵심이다. 한마디로 정리하면 인생은 집중력 싸움이다.

나는 작가로서 내게 책을 읽고 집필하는 것만큼 중요한 일이 없다. 아무도 방해하지 않는 새벽 시간에 책을 읽고 집필하면서 가장 중요한 일의 80%의 일을 이렇게 새벽 일찍 일어나 독서하고 운동하고 나서 나의 본업인 농부의 삶을 살아간다. 하루 일과를 부지런히 하여 다른 사람보다 몇 시간을 더 활용하기에 농부이며 작가인 삶이 가능하다. 수많은 성공한 사람들이 독서광이었고 그들은 새벽 시간을 활용했다. 그러면 나도 성공하고 싶으면 그들처럼 새벽에 일어나 독서하고 운동하고 하루 중 중요한 일을 새벽부터 시작하여 오전 중으로 80%의 일을 해내면 된다.

오전 중으로 정신이 맑고 상쾌한 기분에서 가장 급하고 중요한 일부터 시작한다. 한 가지 일에 집중을 하여 짧은 시간 내에 한 가지 일을 마무리 한다. 여러 가지 일을 동시에 하는 것보다 한 가지 일에 집중할 때 효율적으로 일을 해낼 수 있다. 어떤 일에 집중할 때 우리는 시간이 어떻게 지나가는지 조차 모른다. 오로지 그 일을 다 해내고야 말겠다는 마음뿐이다. 이렇게 맡겨진 일에 최선을 다하고 집중하면 일에 좋은 결과를 가져오면서 주변 사람들의 부러움을 살 수도 있다.

많은 사람들이 바쁘고 분주하게 일하면서도 좋은 결과를 내지 못한다. 오

새벽독서의 힘

전 시간을 효과적으로 활용하지 못하고 어영부영 보내고 오후 되어 시간에 쫓기면서 일을 하니 날마다 저녁 늦게까지 잔업을 해도 일을 다 마치지 못하고 있다. 그래서 집에 까지 일을 싸들고 올 때도 있다. 1분의 시간을 아끼고 5분의 시간을 아끼고 10분의 시간을 아껴서 잘 활용하면서 하루를 다른 사람보다 더 잘 살아갈 수 있다.

독서도 마찬가지다. 독서를 하면서 한 분야의 책을 집중적으로 탐독하면 그 분야에서는 전문가가 된다. 경영학의 대가 피터드러커는 3년에 한 분야씩 집중적으로 연구하고 공부하여 자신의 지식과 지혜를 넓혀 갔다. 그는 인문학, 경영학, 경제학 등 다양한 분야의 지식으로 무장하였기에 강의나 저술 활동 등 일에서 두각을 나타냈다. 그는 많은 분야의 책을 집중적으로 탐독한 결과 문제에 부딪칠 때 해결할 수 있는 능력이 있었다.

우리는 한 분야에 집중적으로 독서를 함으로서 시야가 넓어지고 방대한 지식들이 쌓인다. 거기에 자신의 생각과 감정을 유입시키면 더 폭발적으로 성장한다. 빌 게이츠는 주중에도 30분 주말에는 3~4시간씩 책을 읽는다. 워런 버핏은 매일 깨어 있는 시간의 3분의 1 이상을 독서에 투자한다.

공병호 박사도 매일 새벽에 일어나 아침까지 3시간 동안 글을 집중적으로 쓰면서 집중력과 규칙적인 습관을 실천하였다. 그는 새벽에 집필하면서 100

여 권의 책을 펴냈고 하루에 한 권 이상을 읽으면서 연간 300~400권의 책을 읽는다. 관심 분야도 경영과 리더십은 물론이고 역사를 비롯한 모든 분야를 아우른다. 그는 책을 읽으면서 쓰고 싶은 책의 주제를 찾기도 한다.

〈한책협〉의 김도사님도 지금 현재까지 10,000권의 책을 읽으면서 250여권의 책을 펴냈으며 1,000명의 작가를 배출하시며 또 현재도 책쓰기 코칭과 여러 1인창업을 가르치신다. 그의 성공 비결도 새벽 시간을 집중적으로 활용하고 집필한 데 있다. 한 사람 한 사람의 수강생들에게 일일이 주제와 목차와 꼭지제목을 선물해주시고 한 사람 한 사람의 원고를 피드백해주신다. 웬만한 집중력이 아니고는 이 많은 일들을 어찌 다 처리할 수 있을까? 그의 집중력에 놀라울 뿐이다.

비도 집중폭우가 오면 수해를 입고 종이에 확대경으로 집중적으로 햇빛을 반사시키면 불이 붙는다. 집중적이라는 말은 어마어마한 힘을 갖고 있다. 예를 들어 독서에 관한 책을 집중적으로 10권, 100권, 1,000권 읽어보면 그 사람은 완전히 독서전문가로서 어떤 방법으로 책을 읽으면 제일 자신에게 맞을지 어떤 좋은 방법이 있는지를 잘 안다. 또 주식에 관한 공부를 하고 싶다면 주식에 관한 책을 집중적으로 읽고 유튜브도 주식 전문가들이 하는 유튜브를 보면서 온 신경이 주식 공부에 쏠려있다면 주식 전문가로서 거기 따르는 실천을 하면 완전한 전문가가 되는 것이다. 이렇게 한 가지에 집중해

　　　　　　　　　　　　새벽독서의 힘

서 그 속에서 방대한 지식과 지혜를 얻는 것이 내가 독서를 하는 목적이다.

나는 나의 삶이 더 아름답고 풍요롭고 행복하고 즐겁기를 원한다. 나는 온전히 내가 원하는 것에 집중해야 한다. 이런 변화를 이루려면 나의 경험만으로는 너무나 부족하다. 독서를 통해 세상의 많은 경험을 간접적으로 겪고 한권 한 권의 책에서 지혜와 지식을 얻어 내 것으로 만들어놓을 때 내 삶은 확실하게 현재보다 더 아름다울 것이라고 확신한다. 새벽에 일어나서 나를 성장시키는 독서에 집중하고 책을 쓰기 위한 독서에 집중하면서 하루를 시작할 때 나는 분명 책을 읽지 않는 사람보다 훨씬 더 멀리, 더 크게 발전할 것이다.

성공한 사람의
특별한 시간 관리 원칙

변명 중에 가장 어리석은 변명은 '시간이 없어서'라는 변명이다.
- 에디슨

세상 어느 사람에게나 하루의 시간은 똑같이 24시간으로 주어졌다. 우리가 새벽부터 시간을 활용하거나 늦잠을 자거나 빈둥거리거나 어떤 일을 하든지 시간은 흘러간다. 요즘 누구나 바쁘다는 말을 달고 산다. 직장인도 자영업자도 농민들도 모두 바쁘다고만 한다. 아이들도 바빠서 무엇을 시켜도 안 하고 싶어 한다. 시간이 없어서 못한다고 한다. 왜 사람들은 이렇게도 바쁠까? 이렇게 바쁘게 사는 것의 효과는 얼마일까? 그들은 행복할까?

수많은 자기계발서에서도 시간 관리를 하라고 한다. 책에 내용대로 시간 관리를 하는 사람은 성공이라는 결과를 맛볼 수 있고 시간 관리를 책으로만 보고 실천하지 않는 사람들은 계속 다람쥐 쳇바퀴 돌리듯 바쁘기만 한 생활을 한다.

나는 농부 작가다. 나도 마찬가지로 많은 일을 하면서 바쁜 생활을 보냈다. 직장에 다니는 사람들은 하루 종일 직장에 얽매여 기본으로 8시간을 직장에서 스트레스를 받아가며 일한다. 나는 그렇게 얽매이는 삶이 싫어서 농부인 남편을 만났다. 농사는 자유스럽다. 농사 시기만 잘 지키면 다른 때는 시간을 자유롭게 사용할 수 있다. 그러나 욕심이 과하여 농사의 양이 많아지면 농사도 일에 얽매여 사는 노예생활이다. 나는 자신을 계발하고 더 자유로워지기 위해 시간을 투자하고 싶다.

바쁜 생활을 정리하기 위하여 시간 관리를 하면서 집안 정리정돈에 대해서도 배운다. 윤선현 정리 컨설턴트 선생님의 『하루 15분 정리의 힘』으로 정리정돈에 대해 배우면서 삶이 바빠서 정리를 못한다고 생각했던 나의 생각은 바뀌기 시작했다. 나는 정리하는 것도 독서와 마찬가지로 작은 일부터 시작해서 성취감을 맛보아야 하며 매일 15분씩 꾸준히 정리하면 나중에는 정리할 게 없다는 사실도 깨달았다. 새벽독서도 정리하는 것도 다 마음먹기에 달렸다. 정리를 배우면서 내가 내 삶의 우선순위를 알아가게 되었다. 하루는 싱크대를 깨끗이 정리하고 하루는 거실을 깨끗이 정리하고 하루는 안방, 하루는 아이들 방, 이렇게 매일 꾸준히 15분씩 정리했다. 정리를 하니 집안도 넓어 보였고 마음도 기뻤다. 윤선현 선생님은 '정리는 먼저 자기 사랑'이라고 하신다.

시간의 주인이 되어 시간을 자신의 삶에 맞게 관리하는 것이 성공한 사람들이 공동으로 가진 특점이다. 부자들은 적은 시간 일하고 많은 부를 창조한다. 평범한 사람보다 더 많은 부를 창조하는 그들은 더 바빠야 하는데 그들은 더 여유가 있는 것처럼 보인다. 심지어 평범한 사람들이 못하는 독서도 하루에 몇 시간씩 하고 있다. 그들은 시간 관리를 철저히 하는 사람들이다. 그들은 1분 1초를 아까워하고 그들의 시간의 가치는 어마어마하다. 그들은 자신의 시간을 확보하기 위하여 다른 사람의 시간을 돈으로 사기도 한다. 빌 게이츠는 시간당 5억 원을 번다. 시간 관리를 하니 인생을 자주적으로 살면서 그들은 늘 사고하는 시간을 가진다. 그 어떤 일에도 휩쓸리지 않고 오직 자신이 원하는 일에만 집중을 한다. 시간 관리는 인생 관리이다. 시간을 지배하면 인생을 지배하는 것이다.

시간은 흘러가서 다른 사람에게 빌려줄 수도 없고, 돈으로 살 수도 없고, 필요하다고 붙잡고 있을 수도 없다. 누구에게나 공평하게 이루어진 24시간을 어떻게 관리해야 잘 관리한다고 할 수 있을까? 그 시간에 대한 행동을 통제해야 한다. 우리의 시간을 통제하는 방법에 대해 알아보자.

1. 확실한 목표와 계획을 세운다.

2. 우선순위를 정해야 한다.

3. 시간에 대한 기록을 한다.

4. 한 가지 일에 집중하며 데드라인을 정한다.

5. 날마다 반복적으로 한다.

6. 꾸준히 한다.

목표와 계획을 세울 때는 자신이 좋아하는 것을 찾는 것부터 시작해야 한다. 자신이 좋아하는 일에 시간을 배분하면 효과적으로 잘 배분할 수 있기 때문이다. 목적지를 향해 한 걸음씩 내딛으면 우리가 목적한 것에 도달할 수 있다. 우선순위를 정할 때 현재 가장 중요하고 급한 일은 무엇인지, 다음에 해도 되는 일은 무엇인지를 기록하고 가장 급하고 중요한 일부터 먼저 끝낸다.

독서도 마찬가지다. 작은 변화를 원하면서 시작한 독서는 처음에는 10분씩만 읽기도 하고 2~3장만 읽기도 한다. 그러면서 가슴에 와닿는 문장 하나 찾으면 만족하며 기뻐하며 그것을 나의 문장으로 적용하려고 애쓴다. 그렇게 찾은 한 문장 한 문장이 나를 기쁘고 즐겁게 해준다. 재미가 있으니 점차 독서에 빠져들고 책을 한 권씩 더 읽어간다. 이렇게 작은 습관 하나하나가 모여 독서를 하지 않으면 안 될 정도로 독서에 미쳐 살게 한다. 나는 독서에 미치는 것이 다른 어떤 술이나 약이나 도박에 미치기보다는 더 낫다고 생각한다.

책을 읽으면서 무미건조하던 삶이 점점 활력을 찾기 시작한다. 이전에 인생은 늘 회색이었다. 그러나 책을 읽게 되면서 인생은 내가 느낄 수 있는 여러 가지 색깔이 나타나기 시작했다. 멋진 꿈도 꾸고 밝은 미래도 상상하면서 하루하루 즐겁기만 하다. 책은 나를 현재의 자리에서 더 나은 것을 위해 도전하도록 하였다. 내가 제일 좋아하는 분야의 얇은 책부터 읽게 되면 작은 성취감을 느낄 수 있다. 자기계발의 한 걸음을 내디뎠다는 성취감을 느낄 수 있다.

빌 게이츠는 세상에서 가장 바쁜 사람이다. 그는 시간을 5분 단위로 쪼개어 사용한다. 스케줄을 잡을 때도 회의시간과 악수하는 시간까지 다 계산한다. 2008년 5월 6일에 한국에 방문했을 때는 겨우 4시간 30분 머물렀음에도 불구하고 이명박 대통령과 이야기를 나누고 만찬을 가졌다 그 후 소공동 롯데 호텔에서 한국 마이크로소프트사가 개최하는 '코리아 이노베이션 데이 2008'에서 연설을 하고 기아차와 IT분야 기술 개발을 위한 전략적 제휴 협력을 체결한 후 일본으로 떠났다. 그는 짧은 시간을 알차게 한국에서 보내고 일본으로 갔다.

그는 늘 시간 관리의 중요성을 잘 알고 있으며 시간이야말로 가치 있는 자

160

산이라고 한다. 그는 한 시간에 5억 원의 돈을 벌어 전 세계에 선한 영향력을 끼친다. 빌 게이츠는 바쁠수록 시간에 대한 계획을 더욱 철저히 세운다. 시간은 빌 게이츠나 평범한 우리나 똑같이 하루 24시간이 주어졌다. 빌 게이츠가 시간을 아끼듯이 우리도 시간을 아껴서 의미 있게 사용하면 좀 더 나은 삶을 살아갈 수 있지 않을까?

책 읽는 것도 중요하고 책을 쓰는 것도 중요하다. 그러나 이 모든 것보다 아내로서 엄마로서 먼저 맡은 바의 본분을 다하는 것이 중요하다. 책만 읽으면서 집안일을 하지 않고 가정을 돌보지 않고 자녀를 돌보지 않는다면 어지럽고 더럽고 산만한 분위기가 가정을 불행으로 이끈다. 뭐 하나 되는 것이 없다. 그러니 자기계발도 아무도 방해 받지 않는 새벽 시간으로 시작해서 낮에는 집을 먼저 정리정돈하고 다시 책을 읽고 쓰고 하는 것에 집중해야 한다. 가정을 돌보는 것을 우선순위에 놓아야 가정이 평화롭고 조화롭고 더 나은 자기계발 환경을 만들 수 있다. 하나님이 사회를 만들기 이전에 가정을 먼저 만든 것도 다 그 때문이 아닐까?

새벽에 벌떡 일어나는 습관을 가져라

인생은 끊임없는 반복, 반복에 지치지 않는 자가 성취한다.
- 드라마 〈미생〉

새벽에 벌떡 일어나는 습관을 어떻게 가질 것인가? 새벽에 포근한 이불 속에서 벌떡 일어나려면 무엇인가 우리를 기다리는 것이 있어야 하다. 쉽고 재미있는 일이나 또는 의무적인 일 등은 우리를 어떤 일이 있어도 벌떡 일어나게 한다. 우리들이 어릴 때 학교에서 소풍 갈 때가 생각난다. 소풍 가는 전날은 특별히 일찍 자고 괜히 새벽부터 일어나 준비한다. 엄마 입장에서 볼 때는 더 자도 괜찮은 새벽인데도 소풍간다는 생각만으로 아무 도움 없이 새벽부터 일어나 설친다. 어릴 때 소풍 가는 것만큼 즐거운 일이 또 어디 있으랴?

새벽 일찍 어디로 가야 하든지, 밀린 숙제를 해야 한다든지, 꼭 해야 하는 일이 있다면 우리는 새벽에 더 이상 이불 속에서 머뭇거리지 못하고 벌떡 일어나게 된다. 재미와 즐거움과 확실한 목적이 있을 때 벌떡 일어날 수 있다. 새벽독서도 마찬가지로 내가 독서의 재미를 느끼고 내 삶을 변화시키고자 하는 확실한 목적이 있기에 나는 새벽에 일어나는 것이 재미있다. 일어나서 마시는 따뜻한 물 한잔은 나의 새벽에 힘을 더해주고 머리를 맑게 해준다. 밤새도록 물 한 모금 마시지 못한 몸은 심한 갈증을 느낀다. 이때 따뜻한 물 한잔은 몸의 갈증과 마음의 갈증을 다 해결해준다. 그러면서 내 몸속의 세포 하나하나가 서서히 잠에서 깬다.

날마다 귀한 새벽 시간에 일어나서 독서하기를 시작한다. 독서는 나로 하여금 새벽이 기다려지게 한다. 오늘은 또 책 속에서 어떤 일을 경험할지 말이다. 한 권의 책은 한 사람의 인생이다. 우리는 다른 사람의 인생을 다 체험하면서 살아갈 수 없다. 한 사람은 그 사람의 삶을 살아가면서 자신의 경험을 한다. 책은 한 사람의 경험과 지혜와 교훈을 담은 저자만의 스토리이다. 우리는 자연히 저자의 스토리를 책에서 간접적으로 보고 배운다. 그러면서 더 다채로운 인생을 배워 나가며 지혜의 폭을 넓히며 책읽기를 시작한다. 날마다 새벽 시간을 활용하여 자신을 성공의 길로 이끌어가는 수많은 성공 자들은 새벽 시간을 최대한 많이 활용한다.

공병호 박사는 새벽에 일어나 계획을 세우고, 실행하기 위해 노력하고 수시로 체크하면서 또 잠자리에 들기 전에도 내일의 계획과 목표를 체크한다. 계획을 세우고 계획대로 하루를 이끌어가는 작은 습관 하나하나가 그의 인생을 성공으로 이끌었다. 매일 한 권의 책을 읽으면서 그의 관심 분야도 다양해지면서 경영과 리더십 관련서적은 물론 역사와 문화 할 것 없이 모든 분야를 아우른다. 그는 책을 읽으면서 쓰고 싶은 주제를 찾기도 한다. 다양한 분야의 책을 읽으면서 그것이 밑바탕이 되어 강의의 주제가 되고 저술 가능한 책도 늘어난다. 그는 다작을 하고 많은 강연을 할 수 있는 비결로 '새벽형 인간' 생활을 손꼽는다. 새벽에 3시간 정도의 글을 쓰고 규칙적인 삶을 사는 것을 습관화 한다.

『고수의 질문법』의 저자 한근태는 이렇게 정의했다.

"변화란 간절히 원하는 것을 얻기 위해 고통을 감내하며 새로운 습관을 만드는 것이다."

변화는 새로운 습관으로 이루어진다. 성공적으로 변화하기 위해서는 어제의 나와 작별하고 어제의 나를 한층 더 업그레이드해야 하며 새로운 나로 거듭나야 한다. 습관은 작은 것으로 시작하고 그것으로 성취감을 느낄 때 단단해진다. 독서나 글쓰기나 운동이나 마찬가지다. 자신을 변화시키고 싶은 강

새벽독서의 힘

렬한 욕구가 작은 습관을 이루어 큰 습관의 결과로 이어진다. 큰 목적을 잘게 찢고 작은 목표를 이루어보면서 성취감을 느껴본다.

「잠언」에는 이런 말이 있다.

"게으른 자여, 네가 어느 때까지 눕겠느냐? 네가 어느 때에 잠이 깨어 일어나겠느냐? '좀 더 자자, 좀 더 졸자, 손을 모으고 좀 더 눕자' 하면 네 빈궁이 강도같이 오며 네 곤핍이 군사같이 이르리라."

우리가 따뜻한 이불 속에서 유혹을 물리치지 못하면 벌떡 일어날 수 없다. 확실한 목표와 계획이 있으면 자리에서 벌떡 일어날 수 있다. 위에 말씀은 우리가 좀 더 자자, 좀 더 졸자 하는 사이 우리는 가난해지고 궁핍해 진다고 한다. 이 말씀대로 삶이 가난해질까 봐 더 누울 수 없다. 좀 더 일찍 일어나서 자신을 바꿀 수 있는 자기계발을 해야 한다. 나는 새벽에 일어나야 할 확실한 목표가 있다. 현재 좀 더 나은 삶을 살고 삶을 변화시키기 위해서는 확실히 새벽에 일찍 일어나야 한다.

새벽에 이불에서 벌떡 일어나려면 몇 가지를 해야 한다.

1. 손이 닿지 않는 자리에 알람시계를 놓으면 알람을 끄기 위하여 일어날

수 있다.

2. 따뜻한 물 한잔을 마시면서 하루의 목표와 계획을 생각하면 일어날 수 있다.

3. 책을 읽고 책을 쓰는 일이 행복하면 일어날 수 있다.

4. 해야 할 일이 많으면 급하고 중요한 일부터 해야 하기에 일어날 수 있다.

5. 잠자기 전 미리 내일의 계획을 세워놓으면 일어날 수 있다.

6. 항상 자신을 발전시키고자 하는 욕구가 강렬하면 일어날 수 있다.

7. 일찍 자면 일찍 일어날 수 있다.

'세 살 버릇 여든까지 간다'라는 속담이 있다. 어릴 때부터의 습관이 인생을 결정한다는 것이다. 이렇게 새벽독서를 꾸준히 하여 습관으로 만들면 삶이 확실히 변화한다.

『미라클 모닝』의 저자 할 엘 로드는 이렇게 말한다.

"만약 누군가 성공했다면 그 사람은 자신의 성공을 창조하고 유지 할 수 있는 습관을 갖췄기 때문이다. 습관이 삶을 완성한다면, 우리가 배우고 익혀야 할 것은 습관을 통제하는 기술이다. 가능성을 제한하는 부정적인 습관을 버리고, 원하는 결과를 만들기 위해 필요한 습관들을 찾아 실천하고 유지해야 한다. 습관은 규칙적으로 반복되는 무의식적인 행동이다. 삶은 습관에 의해 만들어져 왔고 앞으로도 계속 그럴 것이다. 만약 습관을 통제하지 못하면 습관이 우리를 통제할 것이다."

온전히 원하는 삶으로 바꾸고 싶다면 지난날보다 다른 방법으로 삶을 살아야 한다. 긍정적인 마음으로 일단 새벽 기상을 습관으로 바꿔보자. 수많은 사람들이 새벽 시간을 활용하여 자신의 삶을 원하는 삶으로 바꾸고 성공하는 삶으로 바꾼다. 우리도 습관을 바꾸면 인생이 바뀌게 된다.

많은 책에서는 오래된 습관을 버리고 새로운 습관으로 바꾸는 데 21일 정도가 걸린다고 한다. 새로운 것을 시작했기 때문에 며칠은 쉽고 도전해보려는 용기가 있다. 그래서 처음 며칠 동안은 새로운 습관이 재미있고 신난다. 의욕으로 넘친다. 그러나 이것은 오래 지속되지 못한다. 우리의 에고는 우리를 계속 의욕적이도록 허락하지 않는다. 며칠 지나면 에고는 원래의 습관으로 돌아갈 핑계를 대도록 한다. 이때 이것이 우리가 삶을 바꾸기 위하여 시작한 새로운 습관이라는 것과, 그것을 위해 일정한 대가를 치러야 한다는 것을 인지한다면 처음 시작한 며칠은 잘 견뎌낼 수 있다. 그렇게 게으름을 이기고 새로운 습관으로 며칠 동안 살다 보면 차차 새로운 습관이 점차 익숙해진다. 그래도 우리는 늘 핑계를 대서 이전의 게을렀던 습관으로 돌아가려 한다.

뇌 속에서는 이 습관을 계속 유지할지 말지 싸운다. 그러나 21일 지나서

30일까지 새로운 습관을 유지한다면 우리 뇌는 그것을 자기가 해야 할 일인 것으로 알고 새로운 습관의 방향을 따라 가도록 한다. 그때가 되면 우리는 새로운 습관이 몸에 배서 이제 새로운 습관이 더 이상 괴롭지 않고 습관을 계속 유지할 만하다고 생각하게 된다. 그때부터 우리는 새로운 습관으로 인해 많은 혜택을 느낄 수 있다. 습관이 내 노력과 결과가 비례하도록 이끌어간다. 이렇게 한 가지 습관을 21일을 넘어 한 달을 유지하면 원래 우리 것인양 아주 자연스러워진다. 그때부터는 원하는 삶을 살아가는 데 별 문제가 없게 된다. 오로지 삶을 변화시키겠다는 의지만 있으면 우리의 삶은 우리가 원하는 삶으로 바뀔 수 있다.

새벽독서의 힘

새벽 시간을 활용하여 자기계발하라

당신에게 가장 필요한 책은 당신으로 하여금 가장 많이 생각하게 하는 책이다.
– 마크 트웨인

    지금은 독서하기 좋은 때다. 1년에 몇 만권 씩 쏟아져 나오는 책들은 우리가 다 읽을 수 없을 정도로 많다. 이 많은 책들 중에 자신을 성장시킬 수 있는 분야의 책을 선택하고 독서해야 한다. 자기계발은 '잠재되어 있는 자신의 슬기나, 재능, 사상 따위를 일깨운다'라는 뜻을 지니고 있다. 자신의 적성이나 능력을 찾아서 활성화하는 것이다. 이렇게 활성화하는 능력을 더 키우는 것은 자기계발이다. 직장에 다니는 사람이라면 업무 향상을 위한 책, 그 외에도 자신의 그릇을 키울 수 있는 책들을 찾아 자기계발한다. 자기계발의 방법에는 독서만 있는 것이 아니다. 운동하여 몸을 건강하게 하는 것도 자기계발이다. 성장은 몸과 정신과 영혼과 마음이 균형을 잡혀야한다.

새벽에 운동과 독서를 하면 우리 일상은 넘치는 활력과 에너지를 받고 시작한다. 그 순서는 자신에게 맞게 자신이 편한 대로 하면 된다. 습관적으로 운동하고 습관적으로 독서를 하면 우리는 어느 순간에 자신의 몸과 마음과 의식이 커지고 몸이 단단해짐을 느낄 수 있다. 그야말로 우울증까지 고칠 수 있는 좋은 결과를 가져 온다.

자기를 계발하는 사람들은 평범함에서 벗어나고 좀 더 나은 나를 만들어 가려고 애쓴다. 우리의 생각과 의식이 바뀌지 않는 한 우리는 평범한 사람들이 사는 것에서 벗어날 수 없다. 평범한 사람들의 증거는 비만, 우울증, 이혼, 빚 등에 시달려 일상을 힘들게 살아간다. 에너지가 고갈되고 삶이 무기력하고 목적 없이 그냥 그대로 방황하며 살아간다. 이런 사람들이 스스로의 삶을 바꾸려고 의식적인 노력을 하여야 한다. 책을 읽고 책 속에서 힘든 상황을 헤쳐 나갈 방법을 찾고 그대로 실천해보면 삶을 바꿀 수 있는데 노력도 시도도 해보지 않고 책 읽는 것 자체를 핑계를 대고 두려워하고 어디부터 시작해야할지를 모르니 안타깝기만 하다. 책 속에는 모든 답이 있다. 운동도 나이에 따라 어떤 운동이 자신에게 어울릴지, 빚은 재테크를 통하여 어떻게 갚아갈지, 인간관계와 비만도 그 해결 방법이 다 책에 있다. 일단 마음을 사로잡는 제목으로부터 책 한 권씩 차근차근 읽어가자.

새벽독서의 힘

사람들은 누구나 행복하고 풍요롭고 여유로운 삶을 살고자 한다. 그러나 수많은 사람이 삶에 허덕이면서 살아간다. 왜 삶에 허덕이면서 살까? 왜 열심히 사는데도 가난하게 살까? 나도 원하는 시간에 원하는 일을 하면서 살고 싶다. 우리는 살고 싶은 삶을 위하여 삶을 재설계하여야 한다. 평범함을 극복하고 평범함에서 벗어나야 한다.

평범함에서 벗어나려면 일단 기상부터 다르게 해야 한다. 수많은 평범한 사람들이 잠잘 때, 일어나서 자신에게 투자하면 그들보다 더 앞설 수 있지 않을까? 독서도 하고 운동도 하면서 이전에 익숙해서 가난한 삶을 살았던 것에서 떠나 새로운 것에 도전하고 새로운 것을 받아들이면서 더 나은 풍요로운 삶을 살고 싶지 않은가? 세상에서 제일 잘하는 투자는 자신의 성장을 위한 투자이다. 새벽독서를 하는 것은 내 삶을 변화시키고자 하는 의지만 있으면 된다. 내 삶을 변화시키고자 집중적으로 하는 새벽독서는 나를 우물 안 개구리에서 우물 밖으로 나오게 한다. 나는 새벽 시간에 의식을 확장하는 독서를 주로 한다. 의식은 인간의 삶을 결정하는 전부이다. 나의 의식이 가난한 사고에서 부자의 사고 방식으로 바뀌었다. 나는 부정에서 긍정으로 바뀌었다. 꿈 없던 삶도 이제는 꿈으로 충만하다.

가슴 뛰는 일이 생겼다. 나는 작가가 되고 강연가가 되고 동기부여가가 되고 1인창업가가 되어서 많은 사람들이 가난에서 허덕이는 삶에서 벗어나도

록 돕고 싶다. 나는 농민들에게 독서의 중요성을 가르치고 의식 확장에 도움
을 주고 싶다. 특히 농민들 사정을 잘 아는 나는 농민들 대부분 빚을 자산으
로 착각하고 고생만 많이 하고 수익이 적은 삶을 잘 안다. 내가 사고 의식을
바꾸어 삶을 새롭게 여유롭게 풍요롭게 살아가는 것처럼 농민들도 의식을
바꾸고 기존의 익숙한 삶에서 떠나 더 나은 풍요로운 여유 있는 삶을 살아갈
수 있는 길이 있음을 가르치고 싶다. 수많은 농민이 농사를 지어서 농산물을
헐값으로 유통 업자에게 넘겨주는 것을 생각하면 마음이 아프다. 그러기에
농민들도 무지에서 벗어나고 독서를 하고 알아가면서 아는 만큼 수익이 생기
도록 돕고 싶다. 많은 농민들도 자식들을 잘 키울 수도 있다. 긍정적으로 사
는 사람들은 더 풍요롭고 여유 있고 자녀를 출세시킨다. 그러니 어려운 현실
에서 벗어나고자 한다면 긍정적인 사람으로 거듭나야 한다. 태생에 긍정적이
지 않은 사람은 독서로 긍정적인 마음을 가질 수 있다.

대부분 평범한 사람들은 성공의 법칙을 모르고 일만 열심히 한다. 그냥 무
턱대고 열심히 사는 것보다 독서하면서 열심히 살면서 또 성공하는 법칙을
배우고 알고 열심히 산다면 성공으로 가는 길이 더 잘 보이고 더 쉽게 갈 수
도 있는 방법이 있어 원하는 목적을 더 쉽게 이룰 수 있다.

의식에 관한 책을 읽으면서 자신을 더 사랑하고 내가 살아가는 이유와 목
적이 선명해지며 앞으로의 계획을 잘 세울 수 있으며 아름다운 삶을 위해 한

걸음씩 발전하고 진보한다. 사람은 계속적으로 진보하고 선한 영향력으로 나부터 변하고 이웃을 변화시켜야 한다.

예수님도 이렇게 말씀하셨다.

"네 이웃을 네 몸과 같이 사랑하라. 이것이 크고 첫째 되는 큰 계명이다."

이제 내가 불평불만했던 문제들이 나로 인해 생긴 것임을 알고 있다. 나는 나를 바꾸는 것이 가족과 사회구성원을 바꾸기보다 더 쉬운 줄 알았다. 모든 것에 대해 책임을 질 줄 알게 되었다. 내가 바뀌면 주변이 바뀐다. 내가 긍정적이고 사랑으로 남편과 자녀와 이웃을 대하면 그 사랑이 나에게 몇 배로 되어 돌아옴을 안다.

분명한 꿈과 목표가 있기에 나의 하루하루 삶은 충만하다. 나는 오늘도 새벽독서로 나의 선한 욕망을 키워가며 미래에 작가가 되고 강연가가 되고 동기부여가가 된 모습을 상상하면서 이 책을 집필하고 있다. 내가 원하는 것을 생생하게 상상하면 그것이 현실에 구현된다. 모든 성공한 사람들은 알게 모르게 이 법칙을 이용해서 성공했다. 그들은 항상 원하는 것에 집중하고 상상하고 관찰자의 입장에서 관찰하면서 자기 암시를 한다. 늘 성공한 모습으로 자신의 몸과 마음과 뇌를 무장하고 습관적으로 이미지화하고 이미 이룬 것처럼 행동을 한다. 그러니 자연스럽게 성공이 따라온다. 성공이 찾아왔을 때 그들은 이미 평소에 했던 것처럼 하나도 어색하지 않고 자연스럽게 성공을 받아들이고 드러낸다.

우리는 원래 이 지구에서 풍요를 누리고 행복하고 기쁘고 즐겁게 살아갈 수 있는 사람이다. 단지 우리는 부모로부터, 조상으로부터, 선생님으로부터 스스로 한계를 짓는 것을 배웠다. 그 한계 속에서 우리는 '할 수 없는' 사람으로 성장했다. 어릴 때부터 '이래서 안 돼, 저래서 안 돼.' 하는 생활 환경은 무엇이든 할 수 있는 존재였던 우리가 할 수 없는 존재로 살아가게 만들었다. 한 사람의 개인적인 문제가 아니다. 세상과 사회가 우리를 제약하는 환경에 내몰았다. 이것을 빨리 알고 본래 자신의 존재가 예수님과 같이 대단한 사람임을 안다면 『성경』의 기적이 다 이루어질 수 있다고 믿는다.

『초인 대사 100문 100답』은 나의 인생 책이라고 말해도 과언이 아니다. 이 책을 읽으면서 자신의 살아가야 할 이유와 목적을 온전히 깨닫게 된다. 이 책은 나의 삶의 멘토이며 나의 삶을 풍요와 번영, 행복으로 이끌어준다. 네이버 카페 〈새벽독서연구소〉에 이 책에 관한 더 많고 더 깊은 차원의 내용들이 있다.

우리는 원래 신의 일부였는데 이 세상에 태어나면서 천상의 기억을 잊었

새벽독서의 힘

다. 우리는 오로지 삶을 체험하기 위해서 이 지구에 태어난 존재이다. 그래서 죽음 이후 육신의 장막을 벗고 다시 천국으로 돌아간다. 우리는 지구에서 많은 체험을 하며 배움을 얻어가는 것이다.

새벽독서의 힘

새벽독서의 힘

초판 1쇄 2021년 01월 14일

지은이 김경화 | **펴낸이** 송영화 | **펴낸곳** 굿위즈덤 | **총괄** 임종익

등록 제 2020-000123호 | **주소** 서울시 마포구 양화로 133 서교타워 711호

전화 02) 322-7803 | **팩스** 02) 6007-1845 | **이메일** gwbooks@hanmail.net

ⓒ 김경화, 굿위즈덤 2021, *Printed in Korea.*

ISBN 979-11-972750-3-6 03190 | **값** 15,000원

하루를 2배로 사는 새벽 시간 활용법

새벽독서의 힘

김경화 지음

굿위즈덤

나는 성공이란 걸
하고 싶었다

중국에서 태어나 한국에서 남편과 만나 세 아이를 낳아 키우면서 행복한 삶을 살고 있는 13년차 농부다.

부모님은 농부인 남편과 결혼하는 것을 반대하셨다. 부모님이 농부이기에 농부의 삶을 그토록 반대하셨던 것이다. 결혼 생활은 생각보다 어려웠다. 우리가 아무리 노력하고 애써도 나아지지 않았다.

나는 농사를 짓고 행복하게 살고 싶었다. 내가 선택한 남편과 우리의 아이들과 정말 멋지게 살고 싶었다. 나는 멋진 아내, 멋진 엄마가 되면 성공한 인생이라고 생각했다. 그래서 나는 성공한 인생을 살고 싶었다. 사람들에게 성공한 인생을 살았다고 인정받고 싶었다.

그러나 삶은 기대에 못 미쳤다. 계속되는 가난으로 나는 우울해졌고 죽고 싶은 마음도 들었다. 삶에서 도망가고 싶었다. 불평이 나를 꽉 잡고 숨도 못 쉬게 했다. 꿈도 미래도 보이지 않았다. 나는 무기력하게 사는 것이 너무 억울했다. 내 삶을 바꾸고 싶었으나 바꿀 힘이 없었다.

무기력한 삶에서 벗어날 수 있는 방법은 오직 독서뿐이었다. 새벽독서는 나를 변화시켰다. 처음 한 권을 읽도록 용기를 냈고 한 권을 읽은 뿌듯함이 두 번째 책을 읽어 나갈 수 있는 힘이 되었다. 이렇게 책은 나에게 힘든 삶을 이겨나갈 힘을 주었다. 책은 나의 피난처였고 나의 멘토가 되었다. 책은 나에게 나만 힘들게 사는 것이 아니라는 것을 깨닫게 하였다. 다른 사람들도 다 힘든 삶을 살아가고 있다. 그들은 삶에서 도망가는 것이 아니라 극복하는 것이다. 이기고 나갈 때 삶은 더 큰 행복을 준다고 한다.

책은 나에게 꿈을 꾸고 더 멋진 세상으로 나가라고 한다. 책은 내가 행복해야한다고 알려준다. 내가 행복해야 가정이 행복할 수 있음을 가르쳐준다. 책에서 삶의 목적을 알 수 있었고 행복한 삶을 살아갈 방법을 알게 되었다. 책을 보는 것은 자기계발의 기본이고 책을 쓰는 것은 자기계발의 끝임을 깨달았다.

이 책에 내 삶이 불평 가득한 삶에서 긍정적인 삶으로 바뀌는 과정과 꿈 없던 내가 꿈을 이루어가는 과정을 적었다.

나는 남편과 자녀에게, 또 꿈이 없는 많은 사람들에게 꿈을 가지고 꿈을 향해 노력하면 이루어질 수 있음을 알려주고 싶다. 나 같은 사람이 이루었으니 당신도 이룰 수 있다고. 40대도 꿈을 꾸고 이루기에 늦지 않았다고 말하고 싶다.

내가 꿈 없이 흘려 보낸 20년 세월은 나를 목숨 걸고 독서하게 했다. 그리고 나의 더 멋진 미래를 창조하기 위해 꾸준히 독서를 하게 하며, 더 이상 불평불만하며 사는 것을 허용하지 않고 자신을 갈고닦게 했다. 더 이상 시간 낭비는 없도록 나를 다그친다.

나는 지금 말한다. 내 가정을 돌보고 책을 읽고 쓰면서 사는 삶이 나를 더 행복하게 해준다고. 가정 밖에 행복이 없음도 책에서 배웠다. 도망가려던 삶에서 이제는 가정을 품는 사람으로 거듭난다.

2장. 나는 새벽독서로 삶의 희망을 찾았다

3장. 하루를 2배로 사는 새벽 시간 활용법

4장.   기적을 만드는 새벽독서의 기술

기적을 만드는
새벽독서의
기술

책의 여백에
메모하라

옛 성현들의 문헌을 강구하고 고찰하여 정밀한 뜻을 얻고,
생각한 것을 그때마다 메모하여 적어야만 실질적인 소득이 있다.
그저 소리 내서 읽기만 해서는 아무 얻는 것이 없다.
– 다산 정약용

책을 읽으면서 독서법에 관하여 여러 가지가 많다는 것을 알게 되었다. 마구 닥치는 독서법, 하루 한 권 독서법, 발췌독서법, 메모 독서법, 쓰기 위한 독서법, 천 권을 위한 독서법, 만 권을 위한 독서법. 속독법, 청독법 등 여러 가지 독서법이 많다. 나는 이중에서 메모 독서법을 좋아한다.

우리는 독서를 해도 책의 내용을 완벽하게 기억할 수 없다. 하루 한 권의 책을 읽더라도 하루 지나면 50~70%, 며칠 지나면 책의 내용을 거의 다 잊게 된다. 귀한 시간을 내서 책 한 권을 읽기에 책 한 권에서 내 삶을 변화시킬 수

있는 알맹이들을 기록하고 메모하고 내 것으로 만들어 놓아야 책의 내용이 쉽게 이해된다. 2번, 3번 읽을 때도 마찬가지로 다른 색의 볼펜으로 줄을 그어가면서 처음 읽을 때 놓친 부분을 다시 떠올릴 수 있다. 반복적으로 책읽기를 하면 우리는 시야가 트인다. 비로소 그 책의 내용이 무엇을 말하는지를 알게 된다.

나는 한 권의 책에서 마음에 드는 한 문장이나 한 구절을 필사하기를 좋아한다. 필사하면 눈으로 1번 보고 손으로 1번 쓰고 또 타자 한때는 틀린 글자가 있는지를 봐야 한다. 이렇게 한 문장이나 한 구절을 몇 번씩 곱씹으며 독서하면 내용을 더 많이 기억할 수 있게 된다. 책을 읽으면서 동그라미 치고 형광펜 칠하고 밑줄 긋는 것은 기본이다. 가끔 책의 내용에서 깨달음을 얻을 때 나는 당시의 느낌을 적고 날짜도 적는다. 나중에 다시 볼 때 당시 내가 어떤 생각을 했는지 알 수 있다.

나는 작가로서 독자의 관점이 아닌 저자의 입장에서 읽으려고 노력한다. 그래서 책을 볼 때마다 저자의 관점에서 집중하여 본다. 공공적인 인물들의 사례모음은 육하원칙을 이용하는 편이다. 누가? 언제? 어디서? 무엇을? 어떻게? 왜? 등을 메모하거나 필사하거나 기록한다. 그러면 이들의 사례들은 늘 한눈에 와닿는다. 다음에 찾을 때 쉽게 찾을 수 있다. 책에 목차를 보면서도 어떤 페이지에 어떤 내용이 있을지 집중하면서 필요한 목차를 표시한다.

나는 책을 읽으면서 한 권도 깨끗하게 내버려 둔 적이 없다. 늘 밑줄을 긋고 귀를 접고 동그라미를 치고 형광펜을 칠했다. 처음에는 책을 더럽히는 것이 부끄러웠다. 내 성격이 번잡해서 책이 더러워지는 줄 알았다. 내가 구매한 중고책은 모두 줄 하나 동그라미 하나 없이 깨끗한 책이어서 더욱 부끄럽게 느꼈다. 내가 중고책을 사보듯 다른 사람도 중고책을 사볼 것 같았다.

그렇게 책을 깨끗이 보려고 했던 그때 『메모 독서법』을 접했다. 메모 독서법은 절대로 책을 깨끗이 읽지 말라고 한다. 나의 독서 방법이 메모 독서법이었다. 그래서 나는 다시 내가 읽던 대로 읽기 시작했다. 지금은 책이 더러워질수록 내 마음이 뿌듯하다. 더 많은 책 내용을 내 것으로 만든 것 같아서 늘 만족감을 느낀다. 한 권의 책에서 한 가지 지식과 지혜만 얻는 것이 아니라 무궁무진한 지혜를 얻을 수 있어서 메모하는 내 모습이 좋다.

메모 독서를 하면서 나는 필사 독서도 같이 한다. 나는 마음을 끌어당기는 네빌 고다드의 책과 잠재의식과 의식 확장과 영성에 관한 책들은 전체 필사하기를 원한다. 이런 분야의 책을 읽다 보면 밑줄 긋고 형광펜 칠한 부분들이 80~90%에 달할 정도로 거의 다 밑줄을 그으며 읽게 된다. 밑줄 그으며 읽으면서 아예 마음먹고 전체 필사를 한다. 하나도 빼놓고 싶지 않다. 다 내 것으로 만들려는 욕망에 불탄다.

필사가 나의 필력을 향상시키는데도 큰 도움이 된다는 것도 알고 있다. 알게 모르게 필력에 도움에 되어서 글을 잘 쓸 수 있다. 또 필사를 하면서 집중력이 향상되고 기억력도 좋아졌다. 필사를 시작했을 때는 한 구절을 몇 번을 보고 필사를 했지만 지금은 한 구절을 한번 보고 바로 필사를 할 정도다.

필사를 하면서 다른 주변 일에 신경 쓰지 않고 오로지 필사에만 집중하니 세상의 구속에서 빠져나온 것 같았다. 나는 마음의 아픔도 혼란스러운 것도 원망도 모든 것이 필사하는 시간에 사라짐을 느낄 수가 있다. 속에서 화가 날 때도 의식 확장에 관한 책을 필사하면 마음에 평안이 찾아온다. 그래서 처음에 시작했던 필사가 『성경』이다. 다른 사람들은 그 두꺼운 것을 어떻게 필사하느냐 하는데 나는 하루 한 장씩 필사하는 것을 내 하루의 목표로 세웠다.

처음 필사를 시작했을 때 많이 지루했다. 어떤 때는 한 장의 내용이 많아서 몇 번에 나누어서 할 때도 있다. 그렇게 꾸준하게 필사하여 이제 어느 정도 습관이 되었다. 한 장 필사하는 것도 요령껏 잘한다. 누구에게 보여주기 위한 필사가 아닌 나 자신을 위한 필사이기에 좀 더 자유롭게 필사할 수 있다. 『성경』 필사를 하면서 맘에 와닿는 말은 형광펜으로 칠하고 사례로 표시해놓는다. 나는 이렇게 필사가 재미있다.

『성경』 필사를 하던 중 한국석세스라이프스쿨에서 이벤트를 하는 것을 발견했다. 『미친 꿈에 도전하라』를 필사하면 권마담(권동희)님과의 1대1 라이 프 코칭을 받을 수 있었다. 나는 이 책을 필사하면서 이 책이 11쇄 베스트셀 러가 될 수 있는 원인을 알게 되었고 저자 권마담님이 어떻게 성공했는지도 알게 되었다. 책을 필사하면서 내 가슴에도 꿈을 심어 넣었다. 권마담님처럼 강연가, 동기부여가, 1인창업가가 되어 부의 길로 들어서고 싶었다. 『미친 꿈 에 도전하라』는 필사하는 내내 나의 가슴을 뜨겁게 뛰게 하였다.

나는 필사하면서 우울증에서 벗어났다. 지금 어떤 사람이 우울증에 시달 린다면 나는 그에게 정말 좋은 책을 필사하도록 권하고 싶다. 그러면 우울증 에서 벗어나고 꿈도 생긴다. 사람이 꿈이 있으면 무엇이든 할 수 있고, 꿈이 있으면 자신의 존재감을 느끼며, 꿈이 있으면 넘어져도 다시 일어서고 활기차 게 나아갈 수 있다. 우울증을 앓고 있는 사람은 대개 삶의 목적이 무엇인지 모른다. 혹은 삶의 목표가 너무 높고 많아서 목적을 다 이루지 못한 좌절감 에 자신이 아무것도 할 수 없고 아무에게도 도움이 되지 않는 필요 없는 존 재라는 생각에 폐인 같은 삶을 살아가는 것이다. 삶의 목표를 정확하게 세우 면 그것이 꿈이 되어 잘 살아갈 용기가 생긴다.

내가 필사한 책들로는 『세상은 당신의 명령을 기다리고 있습니다』, 『성경』, 『100억부자의 생각의 비밀』, 『독설』, 『하루 10분 글쓰기의 힘』, 『자본 없이 콘텐츠로 150억 번 1인창업 고수의 성공 비결 필사노트』, 『초인 대사 100문

100답』, 『버킷리스트 22, 24』가 있다.

조선 시대의 학자들돌 메모 독서법을 사용했다. 정민 교수가 쓴 『책벌레와 메모광』이라는 책에서 정약용이 여백에 메모한 것뿐만 아니라 초서까지 했음을 알 수 있다. 초서는 지금의 필사와 같은 것이다.

성공한 많은 사람들은 메모하는 습관을 가지고 있다. 그들은 수시로 메모할 수 있는 노트나 펜을 갖고 다닌다. 언제 어디서란 멋진 아이디어가 떠오르면 메모하고 기록한다. 그들은 자신의 뇌보다 기록의 증거물을 더 선호한다. 메모는 확실한 증거가 되지만 기억은 확실하지 않다. 우리가 달아나는 생각과 좋은 아이디어를 남길 수 있는 방법은 메모밖에 없다.

세계최고의 천재 예술가 레오나르도 다빈치는 30년 동안 수천 장이 넘는 메모를 남겼다. 다빈치가 수학, 조각, 해부학, 지질학, 물리학, 식물학, 건축 등 관심을 가졌던 모든 분야에서 천재적인 능력을 발휘하는 데 이는 메모의 결과라고 해도 과언이 아니다. 아이작 뉴턴도 엄청난 메모를 하고 그 노트를 생각의 샘이라 불렀다. 발명왕 에디슨도 3,000권이 넘는 메모 수첩이 있었고 링컨 대통령도 늘 필기구와 종이를 휴대하여 메모하였다.

손으로 메모하는 행위가 뇌를 활성화시켜 사람의 기억력을 자극한다. 손

새벽독서의 힘

을 자극함으로써 과도하게 집중된 에너지를 분산시키고 주의를 환기시킬 수 있고 뇌 혈류량을 증가시켜 뇌의 노화를 늦추는 효과를 얻을 수 있다.

『대충 독서법』에는 이런 말이 있다.

1. 진정한 고수는 남의 것을 베끼고 하수는 자기 것을 쥐어짠다.
2. 아이디어는 창조적인 모방에서부터 시작한다. 때로는 창조적 모방이 원조를 넘어서기도 한다.
3. 익숙한 삶의 안전지대에서 벗어나 가끔은 두려움과 불안감이 존재하는 창의 지대로 이동하는 연습을 하자.

주제별로
10권 이상 구입하라

나는 책을 통해 세계를 알게 되었다.

– 사르트르

독서를 하면서 나만의 특별히 행복한 시간이 생겼다. 농사짓는 것만으로 살아갈 수가 없기에 월급쟁이로 살던 때가 있었다. 한 달 열심히 회사에 묶여 살면서 받은 월급을 받는 순간 나는 월급의 10%를 떼어서 먼저 책을 산다. 처음에는 중고를 샀지만 지금은 중고도 사고 신간도 사고 있다. 책을 한번에 몇 권씩 사들이다 보면 한 달에 10권도 사기도 하고 몇 십 권을 사기도 한다. 책을 택배로 받을 때 마음에 풍요로움을 느낀다. 나를 풍요롭게 만드는 책들 은 나를 당장이라도 부자 되도록 마음에 기쁨을 준다. 책을 읽지 않는 사람 은 뭐하는데 책을 그리 많이 사냐고 한다. 그러나 책을 읽는 재미를 알고 나서는 그런 말도 귀에 들어오지 않는다. 나는 나만으로 살아가려고 하는 사람이기 때문이다. 책을 읽는 것이 행복하고 책을 읽고 싶어서 책을 구매한다. 그러니 늘 책에 대한 갈급함이 나를 책을 읽도록 이끌어간다.

나는 〈한책협〉의 김도사님을 만나고 나서 그의 저서를 대량으로 구매하도록 노력했다. 책을 한 권씩 읽어 가면서 김도사님의 250여 권의 책을 다 읽고 싶은 욕구가 일었다. 기존의 책도 있고 지금도 나오는 신간들도 있다. 그는 장르를 떠나서 그 어떤 장르의 책도 다 써본 경험이 있다. 그래서 그의 책만 읽어도 나는 250권 이상을 읽은 사람이 된다. 책 250권이면 독서의 임계점을 넘는 시점이다. 한 작가의 책을 중점적으로 읽기 시작하면서 그가 보는 관점으로 세상을 바라볼 수 있다. 김도사님의 책은 내 독서의 시작이다. 앞으로도 같은 분야, 같은 작가의 책으로 시야를 넓혀갈 것이다.

같은 분야의 책을 10권 이상씩 읽기 위해서 구매한다. 그 책들을 읽으면서 그 분야에 더 깊이 연구할 수 있는 힘과 지혜가 생긴다. 이미 10권으로 기초를 닦아놓은 셈이다. 그 기초 위에서 같은 주제의 다른 책들을 하나씩 읽다 보면 방대한 지식이 쌓여 생각 근육이 커진다. 우리가 같은 분야, 같은 주제의 내용을 10권 이상을 읽으면 뇌는 그것을 반복적인 습관으로 인식하고 기억을 하게 된다. 그렇게 맥락이 같고 주제가 같다면 기억하는 것이 더 쉬워지고 뇌 속의 작은 퍼즐들이 하나씩 맞춰진다.

나는 책을 구매할 때 보통 온라인 서점을 많이 애용한다. 그만큼 온라인 서점은 편리하다. 온라인 서점에 회원 가입을 하고 결제할 카드를 등록해놓으면 수시로 내가 원하는 위치에서 원할 때에 책을 살 수 있다. 무통장입금도 계좌번호만 등록해놓으면 결제하기 쉽다. 내가 보고 싶은 책이나 작가 이름을 검색해서 그 책이 나오면 그 책의 목차와 온라인 서평을 읽을 수 있고 미리보기도 할 수 있다.

구매 시에는 10%의 할인 혜택이 있고 구매 후의 포인트 적립 등 다양한 혜택이 있다. 출석 체크를 해도 포인트 적립이 된다. 책 한 권 구매할 때마다 몇십 원에서 몇 백 원의 포인트가 적립되어 나중에 일정한 금액이 모이면 책을 구매할 때 현금처럼 사용할 수 있다. 종이책으로 읽고 싶은 책은 종이책으로 구매하고 E-book으로 듣고 싶은 책은 E-book으로 구매한다. 이렇게 온라인 서점을 이용하여 책을 구매하면 책이 절판되지 않은 이상 다음 날 집에 와 있다. 오프라인 서점에 가는 시간을 절약해주고 앉은 자리에서 서평도 볼 수 있어서 만족하는 편이다.

온라인 서점에서의 책 구매로 인하여 구매 등급이 높아지면 또 그에 상응하는 혜택도 받을 수 있다. 내가 평소에 구매하는 장르에 맞춰 신간이나 그 분야의 베스트셀러를 추천받을 수 있고, 알림 신청을 하면 나중에 저자의 신간이 나오거나 절판됐던 책이 출간되면 친절하게 알려준다. 그래서 관심 작가의 책은 언제나 막 나온 따끈따끈한 신간을 받아 볼 수 있다. 이렇게 따끈 따끈한 신간을 받을 때면 기분이 더 좋아진다. 단숨에 읽고 싶은 욕구가 들어 책을 쉽게 읽을 수 있다. 또 온라인 서점에서 한번에 10권 이상 구매하면 무료배송으로 집 앞까지 배달해주기 때문에 굳이 무거운 책을 들고 다니지 않아도 되어서 좋다.

가끔 오프라인 서점에도 간다. 오프라인 서점은 내가 딱 보고 싶은 한두 권의 책만 산다. 많은 책은 무거워서 들고 다니기가 힘들기 때문이다. 오프라 인 서점에 가서 책들을 둘러보면 그 재미가 또 새롭다. 집에서의 편안함보다 주변 사람들이 책을 보는 모습에 나도 책을 읽고 싶은 욕구가 생긴다. 온 천 지에 책이 수두룩하여 그냥 둘러보는 것만 해도 재미있다. 아이쇼핑하는 것 이다. 눈의 욕구도 만족시키고 책과의 좋은 데이트도 되므로 가끔은 시간을 내서 둘러보는 것도 좋다.

보통 오프라인 서점 같은 경우는 카페가 같이 있어 커피나 음료를 마시면 서 그 자리에서 바로 읽을 수 있다는 점이 좋다. 또 다른 사람과 커피 한 잔 하 고 싶은 욕구도 해결할 수 있다. 나는 신랑과 함께 오프라인 서점에서 책을 쇼핑하면서 커피 한 잔의 여유를 누려보는 것이 소원이다. 지금은 그럴 분위 기가 아니지만 데이트를 하러 오프라인 서점에 가서 책 쇼핑도 하고 커피도 마시면서 행복한 시간을 보내는 모습을 상상하고 있다. 상상하면 현실이 되니까.

　중고책은 한 권당 몇 천 원 하지 않는데도 많은 좋은 책들이 있다. 중고책은 보통 기독교 서적을 많이 사는 편이다. 영성에 관한 목사님들의 저서, 오래된 귀한 책 같은 것들은 책 가격의 몇 십 배, 몇 백 배의 가치를 나에게 돌려준다. 이런 중고책은 한번에 몇 십 권씩 산다. 어차피 택배를 시키면 되니까 말이다. 중고서적도 사람들이 깨끗하게 보아서 밑줄 그어진 책도 얼마 없다. 최상의 상태를 가지고 있다. 또 책을 몇 십 권씩 사면 중고책 파는 업자들은 책의 주제를 판단하고 덤으로 2~3권씩 더 준다. 이렇게 받은 책은 내가 읽고 나면 대부분은 다른 사람들에게 그냥 나누어주기도 한다. 책 한 권에서 배울 것이 한 가지만 있어도 그 가치가 충분하기 때문이다. 중고책 중에서도 특별히 귀한 책은 두고두고 본다.

　이렇게 온·오프라인의 서점들을 오가면서 책을 구매하면 당장 한번에 다 읽을 수는 없지만 마음속에 풍요로 가득 채워진다. 그 풍요로움은 책을 읽는 사람들은 알 것이다. 독서가 정신을 풍요롭게 하고 마음의 근육을 키워주기에 항상 긍정적 힘이 생기고 다각도로 세상을 보는 관점도 생긴다. 책을 읽으면 거인의 어깨 위에 올라서 더 넓고 더 아름다운 세상을 바라볼 수 있어서 날마다 새 힘과 열정이 솟아난다.

새벽독서의 힘

"좋은 책은 좋은 친구와 같다." 생 피에르의 말이다. 나는 주변에 친구가 없다. 회사를 다니면 회사 동료들은 남을 뒤에서 험담하고 쓸데없는 대화로 시간을 낭비한다. 나는 그런 사람과 공유할 말이 없다. 또 주말이면 늘 집에 농사일이 바빠서 친구들과 어울릴 시간이 없다. 나에게는 책이 친한 친구다. 농사일 할 때도 집에 혼자 있을 때도 늘 책은 내 곁에 있고 나는 책 속에서 행복함을 얻는다. 책을 읽으면서 나의 꿈을 더 선명하게 이미지화하고 상상하고 늘 이미 이루어진 것처럼 미래를 상상한다. 상상속의 나의 미래는 눈부시게 아름답다. 멋지고 잘났다. 나는 원래 풍요를 누리고 부를 누리도록 태어난 사람이라 멋지고 아름다운 모습은 나의 본래의 형상에 잘 어울린다.

에라스무스는 이렇게 말한다.

"돈이 조금 생기면 나는 책을 산다. 그러고도 남는 것이 있으면 음식과 옷을 산다."

에라스무스가 이렇게 책을 사는 것을 우선으로 하듯이 나의 멋진 미래를 위한 책을 쇼핑하는 것을 의식주보다 우선으로 놓는다. 「마태복음」에 이런 말씀이 있다.

"'무엇을 먹을까', '무엇을 마실까', '무엇을 입을까' 하지 말라. 이는 다 이방인들이 구하는 것이라. 너희 하늘 아버지께서 이 모든 것이 너희에게 있어야 할 줄을 아시느니라."

먹고 입고 쓰는 것에 대해 염려하지 말고 자기계발에 먼저 투자하면 그것은 몇 배, 몇 십 배의 열매가 되어 돌아온다. 빚을 내서라도 자기계발에 아끼지 말고 투자하자. 그러면 그것이 자신의 몸값을 10배, 100배로 올려줄 것이다.

4-3

독서할 때
밑줄 긋고 옮겨 적어라

독서한 사람은 비록 걱정이 있으되 뜻이 상하지 않는다.
– 순자

독서를 하다 보면 늘 마음에 와닿는 구절이 있기 마련이다. 이런 구절을 그냥 지나쳐버리면 독서를 한 며칠째는 기억에 남을지 모르지만 시간이 오래가며 잊어버리기 일쑤다. 우리는 도망가는 기억을 잡기 위해 또 나중에 다시 읽을 때 시간을 단축할 수도 있으니 밑줄을 긋고 형광펜으로 칠하고 옮겨 적기도 한다.

필사란 베껴 쓰기를 말한다. 책을 읽으면서 마음에 와닿는 한 구절이나 한 문단을 잊어버리는 것을 방지한다. 기억하고 싶은 문구를 밑줄을 그으면서 노트에 옮겨 적거나 컴퓨터에 옮겨 타이핑한다. 한 글자씩 따라 쓰다 보면 저자의 느낌이나 생각을 알 수 있다. 책을 읽으면서 독서와 필사를 겸하면 더 기억 되는 것이다. 손이 하는 일을 뇌에서 쉽게 기억하기 때문이다. 필사를 하지 않으면 책을 3~4시간이면 다 읽을 수 있지만 필사를 하면서 책을 읽으면 시간이 더 많이 걸린다. 필사를 하면서 나는 마음이 차분해짐을 느낄 수가 있다. 이렇게 시작된 작은 습관은 다른 책을 읽을 때도 사용한다. 독서를 하는 내 옆에는 항상 형광펜과 3색 볼펜이 있다. 중요하다고 느끼는 부분에 동그라미도 치고 밑줄도 긋고 옮겨 적기도 한다. 이렇게 독서를 하면 마음의 근육이 커진다.

독서를 하면서 밑줄을 긋고 정리를 하다 보면 생각이 정리되는 것을 느낄 수가 있다. 책을 다시 한번 읽을 때는 밑줄 친 부분이나 형광펜을 친 부분을 다시 한번 읽어본다. 그러면 책의 내용들이 더 쉽게 눈에 들어오고 찾기도 쉽다. 어떤 사람은 책을 최대한 깨끗이 읽으라고 한다. 그러나 나는 밑줄도 긋지 않고 동그라미도 치지 않고 책을 깨끗이 읽으면 책을 읽은 것 같지 않다. 책을 읽고 도망가는 기억을 잡아야 한다. 그래야만 이 도망가는 것들이 나의 지식이 되고 나의 삶의 일부분이 되는 것이다.

조선 시대 최고의 지식인 다산 정약용도 초서를 했다. 그는 광범위한 부문에서 두각을 나타낸 문학, 철학, 정치, 경제, 역사, 지리, 의학, 과학 등 다방면

새벽독서의 힘

의 인재다. 마치 레오나르도 다빈치처럼 전무후무한 다방면의 천재였다. 그는 500권이 넘는 책을 펴냈다. 그는 책을 읽다가 중요한 구절을 곁에 쌓아둔 종이에 옮겨 적고 베껴 썼다. 초서는 다산이 엄청난 책을 펴낼 수 있도록 하였다. 초서는 다산으로 하여금 내용들을 정리하게 하고 가장 효과적으로 지식을 습득할 수 있도록 하였다. 『목민심서』라 하면 다산 정약용을 대표하는 작품이다. 현재 남아 있는 이 책은 다산이 초서한 필사본인 것이다.

필사를 하고 밑줄을 긋는 것은 책의 내용을 적극적으로 받아들이고 수용하겠다는 의도를 보여주는 것이다. 손으로 하는 독서는 기억력을 높여주고 집중력을 높여주기 때문에 치매 예방에도 좋다. 요양 시설에서는 어르신들의 치매 예방을 위하여 손놀림을 자주 하도록 유도한다. 치매 예방 체조도 박수를 자주 치도록 한다. 치매 예방에 좋은 손등이나 손가락을 부딪치는 율동도 시킨다. 또 색칠하기, 점토 공예 등 손놀림을 위주로 하는 활동을 한다. 교회의 많은 어르신들도 치매를 예방하기 위하여 『성경』을 필사한다. 손으로 하는 것이 뇌에 영향을 주기 때문이다.

2015년 3월 12일 〈헬스조선〉 기사 "늘어나는 치매 · 우울증… '손'을 써야 뇌를 깨운다" 에 따르면 운동, 언어, 기억, 감각 등의 기능을 하는 뇌의 중추신경 중 30%는 손의 움직임에 반응한다고 한다. 손을 움직이면 뇌의 전전두엽이 활성화된다. 전전두엽은 상황판단, 감정 조절에 관여하므로 전전두엽이 활성화되면 스트레스 호르몬이 감소한다. 즉, 정교한 손놀림이 긴장과 스트레스를 낮춘다는 것이다. 또한 뇌는 한꺼번에 여러가지 활동을 하기 힘든데, 손을 움직이는 것은 뇌의 많은 부분을 사용하게 하므로 스트레스를 유발하는 다른 생각을 할 수 없게 한다. 여기에 손을 움직여 얻는 뭔가를 만들어내면서 얻는 성취감도 정서를 안정시켜주는 요인 중 하나다. 다양한 색과 모양을 접하고 창작물을 완성하는 일은 미적인 충족감을 줄 뿐만 아니라 긍정적인 생각을 하는 데도 도움이 된다.

더불어 손은 뇌 노화를 늦춰주는 항노화 도구다. 손의 근육이 퇴화하면 뇌의 자극이 줄어들며, 따라서 뇌세포의 기능도 퇴화한다. 다행인 점은 노화한 뇌도 회복이 가능하다는 점이다. 손 활동을 꾸준히 하면 뇌세포와 주변 세포들이 활성화된다. 단순히 손가락을 이용한 활동보다 끊임없이 생각하면서 양손을 섬세하게 움직이는 활동이 좋다. 뇌의 여러 영역을 동시에 자극할 수 있기 때문이다.

독서할 때 손을 놀리는 데는 확실히 유익한 점이 있다. 독서할 때 밑줄을 긋고 필사하는 것은 나만을 위한 것이 아니다. 많은 사람들이 이렇게 독서한다. 남편은 책을 깨끗하게 보라 한다. 그러나 그렇게 깨끗하게 볼 수 없는 것을 내가 어찌하랴? 좋은 문장을 보고 그냥 지나치기가 너무 아까운데 어찌 그것을 그냥 흘려 보낼 수 있을까? 나와 나의 삶에 도움이 되니까 밑줄 긋고

새벽독서의 힘

형광펜으로 칠하는 방법을 고집하려고 한다.

남편이 같은 책을 읽고 싶으면 한 권을 더 사면 된다. 〈한책협〉의 권마담님도 같은 책을 부부가 서로 따로 보고 같은 책을 여러 권 사서 집안 곳곳에 놓는다고 한다. 그래야 그 책을 곳곳에서 보고 자신이 원하는 대로 밑줄도 쫙쫙 그어가면서 본다고 한다. 내가 읽으면서 좋아서 형광펜으로 칠하고 밑줄 그은 것은 다른 사람이 그 책을 볼 때 내가 그은 밑줄과 형광펜으로 칠한 부분에 한계를 가지고 볼 수 있다. 때문에 다른 사람은 다른 밑줄 그으면서 형광펜으로 칠하면서 보아야 한다.

초보 독서가든지 경력 독서가든지 독서를 할 때는 밑줄 긋고 필사를 하면서 생각을 정리하고 사고력을 키운다. 독서를 하면서 모든 유익한 것은 다 챙겨야 한다. 마치 낚시를 할 때 입질이 있으면 신호에 따라 낚싯대를 낚아채듯이 내 것으로 만들어야 한다. 밑줄 긋고 옮겨 적고 필사하는 것은 내가 다음에 사용할 수 있는 콘텐츠가 되기에 나는 독서를 하면서 밑줄을 긋고 형광펜으로 칠하고 표시를 해둔다. 이렇게 나만의 방법대로 나에게 맞는 독서를 하면서 '나는 날마다 모든 면에서 좋아진다.'라고 외친다.

읽은 책은
서평을 적어보라

모든 위대한 책은 그 자체가 하나의 행동이며,
모든 위대한 행동은 그 자체가 한 권의 책이다.
- 마틴 루터

초등학교 때부터 독후감을 적으라면 어떻게 적을지 몰라 망설일 때가 많았다. 일기를 적으라고 해도 잘 못하는 사람들이 많다. 책을 읽으면 되지, 굳이 책의 내용을 적을 필요가 있냐고 하는 사람도 있다. 그러나 책을 읽으면서 한 구절씩 적어놓으면 내 삶에 더 쉽게 적용할 수 있다. 책을 처음 읽을 때 사람들은 자신에게 맞는 책을 선정하기 어렵다. 그럴 때 먼저 다른 사람이 쓴 서평을 보고 책을 선정한다. 다른 사람이 쓴 서평이 나의 마음을 끌어당기면 나는 그 사람의 책을 살 것이고 서평이 나에게 어떤 의미를 주지 못할 때 그 책은 나의 책이 아닌 것이다.

내가 서평을 쓰기 시작한 지는 얼마 되지 않았다. 그동안 계속 서평 쓰는 것을 미루어왔다. 그러나 지금은 책을 읽으면 미루지 않고 서평을 적는다. 서평(書評, book review)은 일반적으로 간행된 책을 독자에게 소개할 목적으로 논평(論評, comment)이나 감상(感想, impression) 등을 쓰는 문예 평론의 한 형식이다. 또한 위와 같은 고전적인 개념과 함께 현재는 일반 문자 표현으로 한정되지 않고 구두 코멘트 (주로 TV, 라디오 등) 등도 보조 개념으로 이에 포함하는 경우가 많다. 비슷한 말로 독후감(讀後感)이 있는데, 독후감은 어떤 서적을 읽고 난 후에 적는 느낌(소감, 감상), 또는 내용에 대한 느낌을 줄거리 위주로 적은 글을 말한다.

서평을 남기는 방법은 여러 가지가 있다. 블로그에 남길 수도 있고 유튜브로 영상으로 남길 수도 있고 또 인스타나 페이스북에 남길 수도 있고 노트에 남길 수도 있다. 노트에 남기면 나 혼자만 알 수 있고 다른 사람들에게 공유할 수 없다. 그러나 SNS에 남기면 많은 사람들이 공유하고 또 공감대를 가진다. 책 한 권으로 서로 다른 평가도 할 수 있다. 때문에 책을 읽으면 서평을 작성하는 것이 좋다. 무엇이든 내가 이 세상에 왔노라고 기록을 남겨야 한다. 블로그에는 자신의 일상, 서평, 여러 가지 스케줄의 기록 등 공유하고 싶은 모든 것을 올릴 수 있다. 이렇게 하는 것이 1인창업의 과정이다.

많은 사람들이 블로그가 한물갔다고 하지만 아직도 블로그는 살아 있다.

많은 사람들이 블로그를 통해서 연결되는 것을 본다. 블로그에 하루 한 포스팅씩 꾸준히 올리면 많은 인맥을 가질 수 있다. 실제 주변에는 그렇게 많은 인맥이 없을 수도 있다. 그러나 서로 비슷한 내용을 가진 블로그끼리는 서로 연결되어 그 안에서 서로 동기부여하고 힘이 되어주면서 서로의 유익을 얻을 수 있다.

주변에는 블로그 하나만으로도 월급 이상, 아니면 더 큰 성공을 누리는 사람도 있다. 그들은 단지 자신이 글을 쓰는 것이 좋아서 썼고 자신이 좋아하는 내용을 올리는데 출판사로부터 책을 내자는 제안도 받는다. 그렇게 그들은 그냥 꾸준히 포스팅을 올린 것으로 인생이 바뀌고 있다. 책을 쓰고 강연 요청이 들어오고 온전히 삶이 역전되는 경우도 있다.

우리는 1인창업의 길로 가야하는 것이 지금 세대의 방향임을 안다. 때문에 우리는 서평 쓰기부터 시작하여 그 기술을 익혀가고 습관화하여 기록을 남긴다면 어느 시기에 우리는 성공의 길에 들어설 것이다. 기회는 준비하는 자만이 잡을 수 있다. 준비한 자는 기회가 왔을 때 기회인 줄 알고 기회를 잡지만 준비하지 않는 자는 기회가 와도 기회인줄 모르고 지나쳐버린다. 지금 차근차근 준비하면 언제 어떤 기회가 올지 누가 알랴. 성공하는 그 날을 위하여 독서하고 책을 쓰고 1인창업을 하고 이 모든 것을 배우고 성숙하게 발전시킨다.

새벽독서의 힘

독서는 인풋이고 서평은 아웃풋이다. 우리는 복잡한 사회를 살아가면서 더 많은 독서로 자기계발을 해야 한다. 독서를 함으로 상상의 날개를 달수 있고 생각의 근육을 키울 수 있다. 독서를 하지 않는 사람과 독서만하는 사람 그리고 독서하고 쓰는 사람 중에서 당연히 독서하고 쓰는 사람을 이 세상은 더 환호한다. 독서하는 사람은 많은 독서를 하면서 생각에 정리가 되지 않지만 종이에 블로그에 쓰는 사람이 그 생각이 깔끔하고 정리되어 있다. 때문에 회사에서도 글을 잘 쓰는 사람이 인기 있기 마련이다. 서평은 쓰기 연습이고 정리하는 연습이다. 서평은 더 이상 남의 눈치를 보거나 남을 위한 것이 아닌 온전히 자신을 위한 것이다.

작가의 삶을 살고자 하는 나에게는 서평을 쓰는 것이 필력 향상에 도움이 되고 서평으로 작가의 입장과 관점을 볼 수 있으며 작가의 삶의 경험과 지혜를 볼 수 있는 눈이 열렸다. 서평을 통해 그 작가의 삶을 이해하면서 책에서 더 많은 위로와 힘을 받을 수 있다. 서평을 자신의 관점과 결합하여 더 좋은 작품을 만들어 내고 더 좋은 독자와 작가의 연결고리가 된다.

서평을 쓰면서 점점 책쓰기가 더 재미있어진다. 이미 작가의 길로 가고자 하는 나는 새벽에 독서를 하면서 서평이든 필사든 메모든 기록이든 한다. 그러면 책에 더 집중할 수 있고 책의 내용을 더 잘 기억할 수 있다. 나는 눈으로 독서하고, 손으로 필사하고, 서평을 쓰고, 몸과 마음을 다하여 독서를 한다.

그만큼 간절하기에 독서에 쏟아붓는 시간도 많고, 일이 없으면 하루 종일 독서를 한다. 책을 바꿔가면서 필사를 했다가 독서를 했다가 하길 반복한다. 독서는 나의 꿈에 날개를 달아주고 나를 훨훨 날게 했다. 이제는 더 이상 낮은 땅에서 기고 싶지 않다. 더 넓은 세상을 향해 더 높이 훨훨 날고 싶다. 책을 읽으니 책을 쓰고 싶고 책을 쓰니 또 책을 읽고 싶다. 상호 선순환한다.

중국 속담에 '책을 읽어라. 그렇지 않으면 멍청한 후손들이 대를 잇게 될 것이다.'라는 말이 있다. 이 말대로 우리는 책을 읽어야 한다. 책을 읽지 않는 나라는 다음 세대에 가면 나라를 지킬 수 없다. 우리나라도 현재 독서 후진국이다. 많은 사람들을 자극하여 독서의 붐을 일으켜야 한다. 독서로 준비하지 않고 독서력으로 무장하지 않으면 다음세대가 어찌 될지 염려스럽다. 다음 세대는 AI시대로서 대한민국은 인터넷 보급률이 1위인 대신 세계 꼴지 독서국이고 불행한 나라이다. AI시대 본격적 진입은 수많은 사람들이 로봇한테 도태되고 일자리도 빼앗기고 삶이 지금보다 더 힘든 시대가 온다. 우리는 지금부터 준비해야 한다. 이러한 시대에는 눈 깜짝할 사이에 도래하여 준비하지 않고 무장하지 않은 사람들은 꼼짝없이 당할 수 있다.

『성경』에 이런 말씀이 있다.

"형제들아, 때와 시기에 관하여는 너희에게 쓸 것이 없음은 주의 날이 밤

새벽독서의 힘

에 도적같이 이를 줄을 너희 자신이 자세히 앎이라."

우리는 이런 무서운 시대가 도달하기 전에 많은 독서를 하고 지식과 지혜를 얻으며 자신을 보호할 수 있는 힘을 키워야 한다. 개인이든 나라 전체든 독서의 붐을 새롭게 일으켜야 한다. 책을 한 권도 읽지 않는 수많은 사람이여, 지금은 웃으면서 별 대수롭지 않게 책을 읽을 시간이 없다고 하겠지만 머지않아 책을 읽지 않은 대가를 치르게 된다. 그러니 깨어나야 한다. 마냥 현재의 삶에 안주하지 말고 한 권부터 읽기 시작하고 깨달아야 한다. 또 깨달은 것을 삶에 적용하여 변화된 삶을 살아가야 한다. 지금 준비하지 않으면 언제 준비할까?

어영부영하다 짧은 시간은 다 지나간다. 그때는 후회해도 어찌할 방법이 없다. 한번 큰 세상을 맛본 개구리가 다시 우물 안에 들어가고 싶을까? 우리는 더 이상 우물 안 개구리가 되지 말고 크고 넓은 우물 밖 세상을 활개치는 개구리가 되자.

좋아하는 장르부터
읽어라

우연이 아닌 선택이 운명을 결정한다.

– 진 니데치

시대가 빨리 변화하면서 우리는 육체적인 어려움보다 심적인 어려움을 더 많이 겪을 수 있다. 이러한 환경에서 자신의 삶의 목적을 확실하게 세우고 그 목적을 이루기 위한 목표를 세운다면 우리는 흔들리지 않을 수 있다. 어려운 시기에 마음 챙김이나 의식 확장, 또는 자기계발을 할 수 있는 책들을 많은 사람들이 선호한다. 내가 책 읽는 모습을 보면서 본인도 책을 읽고 싶은데 어디서부터 어떤 장르부터 읽어야 하는지를 잘 모르겠다고 하는 사람들도 있다. 내가 좋아서 읽는 책을 추천해주면 주변 사람들은 과연 좋아할까? 각자의 눈높이가 다르기 때문에 각자 자신이 좋아하는 장르의 책을 읽어야 한다.

독서를 하면서 내가 자기계발에 관한 책과 영성에 관한 책들에 환장한다는 것을 깨달았다. 『성경』에서 영성을 배우려고 했지만 『성경』 내용은 너무 심오해서 이해하기 어려웠다. 그러나 영성에 관한 책들은 중간중간 『성경』을 인용하기에 이해하기 쉬웠다. 인문학과 심리학에도 조금씩 관심을 가지기 시작했다. 조금씩 동양 고전에도 관심이 생겼다. 『도덕경』, 『맹자』, 『논어』, 『장자』 등의 책은 어렵지만 어렴풋이 길이 보이기 시작한다. 앞으로도 계속 책을 읽어야 하기 때문에 지금 당장 이해하지 못하고 좋아하지 못해도 상관없다. 지금 내가 관심을 가지는 자기계발과 영성, 의식 확장에 관한 책들도 많아서 다 읽지 못할 정도다. 그러니 날마다 할 일들이 많다. 새벽은 내가 한 분야씩 집중하여 독서할 수 있도록 만든다. 우선 의식 확장에 관한 책들이다. 의식 확장에 관한 책을 언제까지 좋아할지는 모르겠지만 아직까지는 의식 확장 독서가 우선이고 겸으로 살림이나 인간관계에 관한 독서를 하는 것이다.

나는 독서를 하면서 우리 의식을 바꾸는 것은 동전 뒤집듯이 쉽다는 것을 깨달았다. 그냥 부정적 의식을 긍정적 의식으로 뒤집으면 된다. 내가 주인이 되어서 그냥 바꾸면 된다. 동전은 이면 아니면 저면이기에 한 면이 아니면 다른 한 면으로 바꾸면 된다. 고정적인 관점을 바꾸면 모든 삶이 바뀔 수 있음을 깨달았다.

의식에 관한 독서를 중점적으로 하면서 나의 의식을 고양시키고 더 이상 낮은 의식 상태를 허용하지 않으며 과거와 결별하는 나의 미래는 아름답다. 나는 의식의 향상을 위하여 아래와 같은 책들을 읽는다. 네빌 고다드의 『상상의 힘』, 『세상은 당신의 명령을 기다리고 있습니다』, 『믿음으로 걸어라』, 『네빌링』, 『네빌 고다드의 라디오 강의』, 『네빌 고다드의 5일간의 강의』, 그 외에도 『확신의 힘』, 『우주는 당신의 느낌을 듣는다』, 『초인 생활』, 『초인 대사들의 100문 100답』, 『왓칭』, 『허공의 놀라운 비밀』, 『내가 임사체험을 한 후 깨달은 것들』, 『예수님이라면』, 『쉬운 예수는 없다』, 『성경』, 『절대기도의 비밀』 등 일일이 다 적을 수가 없다. 이런 책을 읽으면서 날마다 성장하는 의식으로 삶을 더 쉽게 더 풍요롭게 더 충만하게 살아간다. 농사를 지으면서 많은 일들을 하려면 엄청난 에너지가 필요하다. 의식이 나를 향상시켜주고 나에게 충만한 에너지를 주어 나는 삶을 긍정적으로서 살아가면서 능히 해 나갈 수 있다는 확신으로 즐거운 삶을 살아간다. 때문에 피곤하지도 않고 항상 즐거운 나날들이 이어진다.

독서로 인하여 나의 의식은 점점 높아지고 꿈은 점점 더 명료하게 나타난다. 주변에 의식이 낮은 사람들을 높은 의식으로 이끌어주고 가난에서 벗어날 수 있는 길은 오직 의식 변화임을 알려주고 싶고 도와주고 싶어서 날마다 자신을 갈고닦는다. 가난한 의식에서 결별하여 새로운 부자의 의식으로 변화되지 않는 한 계속 힘들고 지친 가난한 삶을 살아간다. 때문에 의식의 변화를 이루어야 한다. 의식의 변화를 목적으로 하는 독서는 보통의 독서보다 그 힘이 더 세고 더 빨리 변화시킨다.

목표 없는 사람은 삶의 방향이 없다. 어디로 갈지 모른다. 그냥 바람에 파도에 휩쓸리는 대로 인생을 살아간다. 이렇게 열심히 살아가기만 하면 성공할 줄로 착각한다. 예전에는 열심히 성실하게 살아가면 성공했을지도 모르겠지만 지금은 그냥 열심히 살아가면 삶의 무게를 감당하지 못한다. 때문에 무너지지 않고 삶을 잘 감당하려면 좀 더 쉽게 나아갈 수 있는 길이 책 속에 있음을 깨달아야 한다. 책을 읽지 않으면 쉽게 갈 수 있는 방법이 있는지조차 모른다. 그래서 삶은 점점 더 힘들어지고 있는 것이다. 때문에 혼돈에서 벗어나고 삶을 더 풍요롭게 살아가려면 책을 읽고 책에서 길을 찾아내야 한다. 삶의 목적도 방향도 다 책에 있다. 누구나 지금보다 더 멋지고 풍요로운 미래를 살고 싶어 한다. 원하는 것을 원한다고만 하지 말고 그것을 독서라는 실천과정으로부터 책에서 배운 내용을 삶에 적용시키는 과정이 꼭 필요한 것이다.

요즘은 직장 만능주의가 아니다. 특히 코로나 이후의 세계는 우리에게 직장에만 얽매이지 말라고 한다. 직장은 언제 떠나야 할지 모른다. 직장 다니는 동안에 은퇴 후의 삶을 준비하면서 살아가야 한다. 월급을 아껴서 자기계발하고 은퇴 후에 먹고살 수 있는 파이프라인을 만들어 놔야 한다. 연금으로는 노후를 만족스럽고 행복하게 살아갈 수 없다.

나는 독서는 기본이고 책쓰기와 1인창업으로 성공하는 길을 열어놓고 있다. 코로나 이후의 세계는 비대면이 활성화되는 세상이어서 앞으로는 1인창업의 길로 나가야 한다. 요즘 직장 다니는 사람들이 코로나로 직장에 가지 못하면 그달 월급은 직장에 못가는 날만큼 줄어들고 생계는 수시로 위협받는다. 이럴 때 1인창업의 길로 들어서서 미리 준비한 사람들은 오히려 직장에 다닐 때보다 더 큰 부를 이루어간다. 우리는 월급으로 부자 될 수 없음을 안다.

직장 다닐 때는 180~200만 원의 월급을 받던 사람들이 책을 쓰고 1인창업을 하여 현재는 당당하게 월 1,000 또는 2,000만 원을 번다. 우리는 이런 사람들의 성공을 보면서 가만히 있으면 안 된다. 그들도 처음에는 그냥 평범한 직장인이었다. 가난한 의식을 부자의 의식으로 바꾸니 평범한 삶이 부자의 삶으로 바뀌었다. 그러니 우리도 뭐라도 배우고 도전하여 퇴직 후의 삶을 준비해야 한다. 그것이 1인창업이다. 1인창업의 기본은 책을 읽고 책을 쓰는 것이다. 앞으로 빈부의 격차는 점점 더 심해진다. 성실하고 부지런할수록 더 가난한 삶을 사는 것이다. 억울하겠지만 어쩔 수 없다. 나는 이미 의식의 변화의 중요성을 깨달았고 의식의 더 높은 변화를 위해 달려갈 것이다. 그러니 여러분도 낮은 의식으로는 부를 이룰 수 없다는 것을 깨달아야 한다. 여러분도 의식을 변화시켜 성공하는 삶을 살았으면 좋겠다.

새벽독서의 힘

의식의 향상을 위하여 여러분에게 도움이 될 수 있는 여러 가지 방법을 알려주고 싶다.

1. 의식상승하고 확장하는 책을 읽어라.

2. 네이버 카페 〈새벽독서연구소〉에서 도움을 받을수 있다.

3. 네이버 블로그 〈새벽에독서하는농부작가〉에서 도움을 받을수 있다.

4. 인스타그램 〈새벽독서하는농부작가〉에서 도움을 받을수 있다.

5. 유튜브 〈책읽는농부티비〉에서도 도움을 받을 수 있다.

미래에는 부가 극소수에게 더 집중된다. 이 시기 우리가 의식변화의 중요함을 깨닫지 못한다면 우리가 당연히 누려야 할 풍요와 부는 의식변화의 중요성을 깨달은 극소수 사람들에게 빼앗긴다. 의식변화를 일으켜 모든 사람이 다 풍요를 누릴 자격이 있는데 단지 그 방법을 아는 자들에게로 집중되고, 누릴 수 있는 방법을 모르는 사람은 누리지 못하고 도태된다.

구체적인 목적을 세우고 독서하라

인생은 변화하고 성장은 선택사항이다. 현명하게 선택해야 한다.

– 카렌 카이저 클라크

인생을 살면서 우리는 가끔 방황할 때가 있다. 가던 길을 가는데 왜 방황을 할까? 처음에 그 길로 갈 때는 맞는 길인 것 같았는데 가다가 보면 이 길이 맞지 않음을 알게 된다. 사람들은 목적이 없으면 삶이 이리저리 상황과 환경에 따라 휘둘린다. 확실한 목적이 없기에 가다가도 포기하고 만다. 그래서 매일 열심히 살고 부지런히 살지만 별 성과가 없다. 직장을 다니는 많은 사람들도 마찬가지다. 그냥 직장에서 월급을 주니까 직장에 가서 현대판 노예생활을 한다. 직장 다니면서 자신의 목적이 뚜렷한 사람은 주변 일과 상황에 휘둘리지 않고 자신이 맡은 일을 똑 부러지게 잘해내며 동료들로부터 상사로부터 칭찬을 받는다. 이런 목적이 있는 직장인은 직장을 다니면서 자신을 부단히 계발하고 자신을 키워나가며 날마다 더 좋은 결과를 만들어 낸다. 주변 사람들은 이런 사람들을 보며 부러워하지만 본인은 자기계발을 하지 않으며 그냥 부러워하며 시간을 때운다. 목적이 없으니 직장에서 맡은 일도 제대로 처리하지 못해 야근하고 집에까지 싸들고 온다. 그저 일에 치여 사는 게 사는 것이 아닌 삶을 산다.

내가 읽는 책이 나를 만들어간다. 나는 영성을 추구한다. 어찌 보면 사람들의 최종적인 탐구가 영성일 수도 있다. '나'의 존재와 '나'의 살아가는 목적을 아는 게 자기계발의 끝일 것 같다. '나'는 몸으로만 된 것이 아니다. 육적인 것도 '나'지만 의식이 '나'이며 생각이 '나'이며 마음이 '나'다. 이런 '나' 중에서도 의식으로 된 '나'가 참 '나'다. 의식적인 것이 영적인 것이다. 영적인 성장은 자연스러운 것이며 인간이 발전해 나가야 할 궁극적인 여정이라고 한다.

『초인 대사 100문 100답』은 우리 인류의 영과 인생의 대부분의 문제를 다룬 책으로서 사람의 이 지구별에서 살아가는 목적과 영적인 성장을 이루기 위한 가이드라고 할 수 있는 책 이다. 이 책을 읽으면서 내가 어떻게 살아가야 하는 이유와 삶의 목적을 깨닫게 되었다. 나는 원래는 고차원의 천사와 같은 존재로서 삶을 체험하기 위해 이 세상에 왔으며, 부모와 지금의 삶을 내가 선택했음을 알게 되었다. 나는 원래 고차원적 존재에서 저차원으로 삶을 체험하러 왔으니 최종 목적은 고차원으로 다시 돌아가는 것이고, 현재 저차원에 있는 나의 의식을 상승시키고 고차원에 맞는 순수한 사랑의 삶을 살아야 하는 것이 내가 이 세상에서 살아가는 목적임을 알게 되었다.

지구에서 모든 사람들이 살기 힘든 이유는 고차원적인 존재가 체험하기 위해 온 존재로서 저차원의 삶을 적응하기 힘들기 때문이다. 지구에 사는 인류는 또 변화해가는 삶으로 점점 고차원으로 가야 하는 길에 있으므로 많은 면에서 힘든 상황이 이루어진다. 지금 나는 3차원인 지구에 있지만 내 삶의 목적은 4차원을 뛰어 넘어 5차원, 6차원으로 가는 것이다. 지구의 삶은 날이 갈수록 힘들 수밖에 없다. 의식이 완전히 높은 차원의 의식으로 상승해야 한다. 자기책임, 자각, 초연함, 무조건적인 사랑을 이루어야 하는 것이다. 지구에서 이러한 것들을 완전히 이뤄 내려면 자신을 갈고닦아야 한다. 마음도 행동도 의식도 갈고닦아서 온전히 예수님과 같은 사람이 되어야 한다. 그러려면 이 세상에서 살아가는데 웬만한 의지로는 안된다.

목적을 알고 노력하며 사는 것과 목적도 모르고 그냥 살아가는 것은 삶이 완전히 다르다. 삶의 질을 높이고 삶의 능력을 높이기 위해서는 높은 차원의 의식을 갈구해야 한다. 사람들은 미래의 세상은 영성을 추구 하는 자들이 지배하는 세상이라고 한다. 지금부터 영성을 키우지 않고 준비하지 않으면 미래에 도태되기 쉽다. 의식이 전부이다. 세상 모든 것을 의식이 지배한다. 의식으로 긍정적인 현실과 부정적인 현실이 이루어진다. 나의 의식을 긍정적인 의식으로 무장하여야 긍정적인 삶이 실현된다. 긍정적인 삶을 원하기에 긍정적인 것에만 집중한다. 부정적인 것은 말하지도 생각하지도 않는다. 작가가 되고 1인창업의 길로 나가는 것이 나의 목적이다.

책이 출간되면 책을 기본으로 할 수 있는 것들이 더 많아진다. 유튜브, 인스타, 카페, 블로그 등과 같은 매체를 통하여 자신을 퍼스널 브랜딩하여야 한다. 이제 평범한 나를 책과 함께 세상에 알려야 한다. 나는 나의 분신인 『새벽독서의 힘』으로 새로운 세상을 열어갈 것이다. 새로운 세상을 맞이하기 위해서는 뼛속까지 갈고닦아야 한다. 나의 의식을 상승시키고 확장시키며 더 높은 차원으로 이끌어 고양시켜야 한다. 그러기 위해서는 독서는 기본이다. 나는 많은 사람과 소통하는 방법을 배워야 하고 많은 사람에게 내가 느끼고 배운 것을 가르쳐주고 그들이 좀 더 쉽게 삶을 살도록 도움을 주고 싶다. 부족한 부분을 독서로 채우면 된다. 예수님을 롤모델로 하고 영적 가이드의 도움을 받아야 하고 스스로도 목숨을 거는 자기계발을 실행해야 한다. 무조건적인 사랑을 이 세상에서 가능할까 하지만 이미 이룬 사람들도 있다. 물론 실현 하는 과정 중에 힘들고 지치고 좌절하고 포기할 수도 있지만 확실하게 내 삶을 바꾸기 위한 목적이 있기에 나는 결코 주저앉지 않고 일어나서 또다시 감사하며 나아가야 한다.

의식에 관한 책들을 읽어보지 않은 사람들은 내가 무슨 말을 하는지 알아듣지 못하는 사람들도 많을 것이다. 그러나 나는 앞으로도 계속 의식에 관한 책에서 많은 문제에 대한 답을 얻을 것이며 최종 결과를 향해 인생을 살아갈 것이다.

내 인생은 내가 사는 것이다. 나는 모든 것을 동원하여 기쁘고 즐겁고 선하고 충만한 인생을 선택할 것이다. 긍정과 부정의 생각에서 긍정을 선택할 것이고 우울과 기쁨, 즐거움 상황에서 기쁨과 즐거움을 선택할 것이며 미움, 다툼 대신 사랑을 선택할 것이며 비난 대신 칭찬을, 수용을 선택할 것이다. 모든 선택은 내가 이 세상에서 부모를 선택하고 태어났듯이 지금 현재를 살아가고 있는 내가 나에게 유익한 상황을 선택할 것이다. 나의 인생을 더 이상 다른 누구에게도 인생 항해의 열쇠를 넘겨주지 않을 것이다. 전에는 불행했다면 이제 나는 행복을 선택한다. 책을 읽고 책을 쓰고 강연가, 동기부여가가 되는 길은 행복한 길이다. 나는 이 길을 선택한다.

"다른 사람의 책을 많이 읽어라, 그가 고생해서 얻은 지식을 아주 쉽게 내 것으로 만들 수 있고 그것으로 자기 발전을 이룰 수 있다."

소크라테스의 말이다. 책을 통해서 다른 사람의 삶을 간접적으로 경험하면서 그들의 지혜를 배워 그들보다 나은 삶을 살아갈 수 있다.

나에게 맞는
독서법을 찾아라

책을 한 권 읽으면 한 권의 이익이 있고,
책을 하루 읽으면 하루의 이익이 있다.
– 괴문절

처음에 독서를 하기 시작할 때는 독서법이고 뭐고 눈에 들어오지 않는다. 그냥 제목에 마음이 끌려서 그냥 표지가 좋아서 그 책을 선택할 경우가 많다. 그렇게 시작한 한 권 한 권의 독서는 습관으로 이어지고 더 멋진 책들과 만날 기회를 마련해준다. 완독했다는 뿌듯함이 작은 성취감을 준다. 두 번째 책도 마음 끌리는 책으로 선정하게 된다. 우리가 무엇을 사든지 그 안에는 설명서가 있다. 우리는 그 설명서대로 제품을 작동시키고 제품을 나에게 맞춘다. 한 권 두 권 읽다 보면 책을 읽는데도 분명 더 쉽고 더 많이 읽을 수 있는 요령이나 방법이 있을 것 같다. 독서에 관한 책을 몇 십 권 읽으면서 인터넷에

독서법을 검색해보니 독서에 관한 책들이 몇 백 권씩 있었다. 나는 그때서야 독서법도 여러 가지로 많다는 것을 깨달았다.

누구나 바쁜 현실에 나는 이 많은 독서법 중에 내게 꼭 맞는 독서법을 찾기로 했다. 그래서 나에게 필요한 독서법 책을 구매해서 읽어봤다. 그중에서 『하루 아침 10분 독서법』, 『미친 독서』, 『자투리 시간 독서』, 『48분 독서』, 『메모 독서법』, 『대충 독서법』, 『실천 독서법』, 『천 권 독서법』, 『만 권 독서법』, 『창의적 독서법』, 『나름 독서법』, 『단단한 독서법』, 『자기혁명 독서법』, 『아웃풋 독서법』, 『하루 한 권 독서법』, 『일등 독서법』, 『초 독서법』, 『속독법』, 『퀀텀점프 독서법』, 『몸값 높이는 독서법』, 『생각 독서법』, 『완벽한 독서법』, 『본깨적 독서법』 외에도 수많은 독서법이 있다. 많은 사람들이 자신에게 맞는 독서법으로 독서를 하고 있는 것이다.

나는 『48분 독서』에서 90년 인생 중 3년만 독서에 미치면 놀라운 기적들이 일어난다. 그중에서 하루 24시간 중 48분은 8시간의 수면 시간을 제외한 시간의 20%이다. 즉 자는 시간을 제외한 하루 20%의 시간을 오전, 오후 자신을 위한 독서력 향상의 시간으로 하는 것이다. 이 책에서 나는 오전 48분, 오후 48분의 중요성을 깨달으면서 이 48분씩의 시간을 활용하여 3년에 1,000권의 목표를 세워 이루어가도록 독서하게 이끌어준다는 것을 깨달았다.

『메모 독서법』은 책을 읽으면서 가슴에 와닿는 명언과 구절들을 메모하고 내 삶에 적용할 수 있도록 이끌어준다. 여백에 메모하고 밑줄 긋고 날짜를 적으면 나중에 다시 반복적으로 읽을 때 도 그 당시 나는 무엇을 생각하였고 어떤 마음이었는지를 깨닫게 했다.

『실천 독서법』, 천 권 만 권을 읽어도 실천을 하지 않으면 아무런 쓸모가 없는 시간 낭비됨을 깨닫게 하며 책 한 권이라도 읽었으면 배운 것이 있고 배운 것이 있으면 그것을 실천하여 삶에 적용하도록 하는 것이 중요함을 깨달았다.

『본깨적 독서법』 이랜드에서 제일 먼저 사용한 독서법으로서 직장인들이 업무를 보면서도 먼저 보고 깨닫고 적용하는 원리를 이용한 책으로서 대부분 책들을 이런 원리로 읽을 수 있다.

『대충 독서법』은 빠른 세대에 맞춰 빨리 적당한 정보를 흡수하는 방법을 삶에 적용하는 데 좋은 책이었다. 우리는 변화가 빠른 시대에 최대한 빠른 정보를 흡수할 수 있어야 한다.

『몸값 높이는 독서법』에서 자신의 몸값을 10배로 높이기 위해 필사적인 독서를 하면서 최대한 많은 독서를 하고 지혜를 넓히며 시야를 넓히는 것이 좋다고 생각했다.

독서법은 최종적으로는 어떻게 나에게 맞는 책을 읽을 수 있을지, 어떻게 시대의 부름을 따라 많은 책을 빨리 읽을 수 있을지, 어떻게 확실하게 책 속에서 지식과 지혜를 골라낼 수 있을지에 대한 연구이므로 독자들도 자신에 맞는 독서법으로 좀 더 쉽고 재미있게 독서를 하기 바란다.

독서는 나의 힘뿐만 아니라 사회와 국가의 힘이다. 독서의 붐을 다시 일으켜서 우리나라 사람들이 좀 더 지혜로워지고 국력이 강해져서 우리나라가 행복한 나라가 되면 좋겠다. 만일 이 나라 모든 국민이 다 책 읽는 것을 좋아하고 실천하면서 자기계발에 힘쓴다면 우리나라는 세상 속 천국이 되지 않을까 싶다.

우리나라가 인터넷 보급률이 1등인데 독서는 후진국이다. 우리나라 행복지수도 OECD 국가에서 제일 낮은 편이다. 스마트폰 보급률 1등인 우리나라가 왜 행복지수가 낮을까? 이것은 독서를 하지 않는 것과 관계가 있다. 보다 더 많은 사람들이 독서에 관한 책으로 충격을 받고 책 속에서 인내와 행복과 통제와 풍요와 사랑과 열정과 좋은 대인 관계를 배운다면 우리나라는 천국이 될 것이다. 우리나라가 피해자 없이 오로지 서로 사랑하고 배려하는, 세상에서 가장 살기 좋은 나라로 거듭났으면 하는 바람에서 부족하지만 집필

새벽독서의 힘

을 하고 있다.

내가 농부이기에 농부의 마음을 잘 안다. 아버지도 신랑도 시집도 다 농부
로서 책을 보지 않기에 무식하다. 무식한 농부들은 자신의 피땀으로 이룬 농
산물을 장사꾼들에게 유통업자에게 헐값으로 팔고 결국 가슴앓이를 한다.
농부들도 이제는 유식한 농부들이 돈을 벌고 부자 되는 시대이다. 같은 농부
라도 대학까지 나와서 배운 농부들은 부자가 되는데 배우지 못한 농부는 계
속 원시적 방법으로 살아가니 빚만 늘어간다. 사람들은 배우는 만큼 눈에 보
이고 성공의 길이 열린다. 농부도 이제 더 이상 무식하다는 소리를 듣지 말아
야 한다. 농부도 도전하고 질 높은 삶을 살아야 한다. 농부도 독서부터 시작
해야 한다. 그러면 성공한 삶의 길로 나아가게 될 것이다.

필요한 부분만
먼저 읽어라

당신에게 가장 필요한 책은 당신으로 하여금 가장 많이 생각하게 하는 책이다.
– 마크 트웨인

지금은 5G시대에 들어서면서 사람들은 스마트폰으로 많은 일을 한다. 스마트폰으로 책을 읽고 공부하고 영화나 스포츠나 모든 것을 다 할 수 있다. 모든 것이 빨리빨리 진행되기를 원한다. 이처럼 시간이 귀할 때 독서도 우리의 경우와 상황에 맞게 독서해야 한다. 우리가 독서를 하면서 어느 정도의 독서의 임계점에 이르렀다면 독서도 이제는 다독의 단계로 나아가야 한다. 보통 사람들은 책을 읽으라면 처음부터 끝까지 다 읽어야 책을 읽었다고 말한다. 그러나 지금 같은 책이 홍수처럼 쏟아지는 시간에 어찌 그 많은 책들을 다 읽을 수 있단 말인가?

물론 좋아하는 장르는 처음부터 다 읽을 수 있지만 빨리빨리 정보를 흡수하는 독서법도 익혀야 한다. 우리는 발췌독을 할 때 보통 책을 들고 대충 훑어보면서 꼭지 제목들을 한번 눈여겨본다. 다음 목차 중에서 나에게 필요한 목차의 내용을 보면서 필요한 페이지를 한번씩 볼 수 있다. 필요한 부분에서도 배울 것이 있고 분명 그것이 우리의 지식이 된다. 나머지 읽지 않은 부분은 시간적 여유가 있어서 다시 볼 때 보지 않은 부분을 봐도 되고 다시 볼 때도 필요한 부분만 보면 된다. 한 권의 책에서 20%만 배울 수 있으면 그것으로 그 책의 가치는 실현된 것이다. 더 이상 책값을 아까워 할 필요가 없다.

자기계발서를 읽다 보면 수많은 자기계발서의 공통점을 발견할 수 있다. 하나하나의 퍼즐 조각이 내 속에서 맞춰지고 있다. 우리는 좋아하는 장르부터 읽는다. 한 권의 책에서도 느낌 좋은 부분이 우리를 끌어당긴다. 그러면 느낌 가는 부분만이라도 읽으면 된다. 느낌 가는 부분은 나에게 유익하기에 그런 느낌이 왔을 것이며 그런 느낌으로 책을 보면 마음에 더 와닿는다.

나는 책에서 서론과 결론을 위주로 중심으로 읽는다. 그러면 거의 전체적인 내용을 이해할 수 있다. 우리는 자신을 성장하기 위해서 독서하는 것이지 결코 달달 외워서 시험을 보는 것이 아니다. 그러니 한 글자라도 빠뜨리지 않고 읽을 필요도 없고, 또 그렇게 읽어봤자 기억에 남는 것은 얼마 되지 않는다. 차라리 꼭 필요한 것만 보고 그것을 나의 것으로 만드는 것이 훨씬 유리하다. 나는 또 한 가지 발췌독을 한다. 한 작가의 책을 집중 독서할 때 그 사람을 확실하게 대표하는 책 한두 권을 완독하고 나서 나머지는 대충 읽는다. 저자가 책이 많으면 많을수록 중복되는 내용도 많다. 그러기에 시간 제한이 있는 우리는 책을 빨리 읽고 다른 책도 읽어야 한다.

책을 읽으면서 처음부터 끝까지 다 읽는 것은 완벽주의이다. 처음부터 끝까지 다 읽는 사람들을 흔히 활자중독이라고 한다. 책은 모든 것이 다 유익하지 않다. 필요한 부분만 유익하다. 무조건 완독하는 것은 의무감 때문일 수도 있다. 책 한 권 사서 다 읽어줘야 예의라는 식으로 말이다. 그러나 책 한 권의 20%만 우리 삶에 적용해도 우리는 많은 변화를 이룰 수 있다.

독서 초보도 책을 읽다가 읽기 싫은 부분이 나올 수 있다. 그러면 그 부분을 읽지 않고 다른 책을 읽든지 다른 부분을 읽든지 하면서 책을 쉽게, 읽기 좋게 읽어야 한다. 내가 책을 완독하지 않는다고 해서 누가 말할 것도 아니고 완독한다 해서 누구한테 칭찬 받을 것도 아니고 좀 더 자유롭게 책을 읽는 것은 자신의 성장을 위한 것이기에 누구한테 보여주기 위한 것이 아니다. 나의 방법대로 나에게 유익함을 주면 되는 것이다. 한 책에서 하나만이라도 나를 변화시킬 수 있는 구절을 찾고 삶에 적용하면 그 책은 이미 가치를 다했다.

『탈무드』 중에 이런 말이 있다.

"만난 사람 모두에게서 무언가를 배울 수 있는 사람이 세상에서 가장 현명한 사람이다."

이런 사람은 그 어떤 책에서도 자신에게 유익한 구절을 찾고 그것을 삶에 적용한다.

"이용을 염두에 두고 책을 읽되 전부를 삼켜버리지 말고 한 가지를 무엇에 이용할 것인가를 알아두어야 한다."

입센의 말이다. 우리가 디지털이 발달한 이 시대 책을 읽는 이유는 책의 지식을 습득하는 데 목적이 있다. 지식습득은 내가 필요한 지식만 얻는 것이 답이다. 책 읽는 것도 우리가 스마트폰에서 기사를 읽듯이 쭉쭉 읽어 내려가면 된다.

독서를 하면서 나는 나에게 필요한 부분이 무엇인지를 알게 되었다. 나는 나의 의식을 먼저 변화시키고자 하는 욕구가 강하다. 나는 스스로가 부자가 되지 못한 것은 이때까지 가난한 의식으로 살아왔기 때문이라는 것을 깨닫게 되었다. 나의 가난한 의식을 송두리째 뽑아버리고 싶었다. 그래서 나는 내게 가장 필요한 책을 의식 확장과 영성에 관한 책으로 정했다. 사람이 영으로 된 존재로서 자신의 존재를 모르고 살아가는 자체가 이 지구에서 힘든 삶을 살아가는 이유다. 때문에 나는 나의 영적인 존재를 알고 싶고 본래의 모습을 알고 싶다. 지구별은 고차원에 있는 영적인 존재가 삶을 체험하기 위해 온 것이다. 그래서 본인의 존재를 확실하게 알고 이 지구별에 온 목적을 확실하게 안다면 지구에서의 힘든 삶을 쉽게 이겨 낼 수 있는 것이다.

많은 사람들이 지적인 거장 이어령 교수를 알고 있다. 그는 지독한 독서광이나 독서를 처음부터 끝까지 완독해본 적이 없다고 한다. 그의 말을 들어보자.

"나는 책을 끝까지 다 읽어본 적이 없다. 훌훌 넘기면서 우연히 와닿는 것이 내게 영감을 주기 때문이다."

그 역시 책을 발췌독을 하는 것이다. 책을 대충대충 훑어보면서 필요한 부분만을 읽는 것이다. 그는 한 권의 책을 읽으면서 읽기전과 읽은 후에 생각이 달라져야 한다고 주장했다. 대충 읽으면서 눈에 와닿는 또 가슴에 와닿는 한 구절, 한 단락의 말이 읽는 사람에게 창조적인 힘을 준다.

이제는 더 이상 책을 꼼꼼히 일지 말자. 많은 책을 읽어서 많은 정보를 획

새벽독서의 힘

득하기 위해서는 꼼꼼히 완독해야 하는 부담감은 버리고 온전히 자신을 위한 발췌독을 시작하자. 나는 발췌독을 하면서도 한두 권씩은 완독하는 책들이 있다. 특히 나의 감심을 뛰게 하는 책들은 완독하고 반복해 읽을 때 발췌독을 한다. 『초인 대사 100문 100답』은 완독도 몇 번 하고 발췌독도 몇 번을 했다. 책의 내용을 통째로 외우고 싶을 만큼 나한테는 너무나 소중한 책이다. 이 책처럼 나의 가슴을 뛰게 하는 책은 완독하고 발췌독을 하는 것으로 나의 의식을 확장해 간다.

5장

새벽독서가
인생을
결정한다

새벽독서가
인생을 결정한다

인간은 자기 운명을 창조하는 것이지, 받아들이는 것이 아니다.
– 비르만

내가 어릴 때만 해도 여자들은 시집만 잘 가면 된다. 공부도 아무것도 필요 없다. 이런 말을 많이 듣고 자랐다. 그래서 나는 어릴 때 현모양처가 되는 게 꿈이었다. 그래서 나는 7살 무렵 사람들이 어떤 사람한테 시집가겠냐고 농담할 때 아버지 같은 사람한테 간다고 했다. 그 당시만 해도 아버지는 부지런하고 성실하고 가족들 밥은 굶기지 않으셨다. 그래서 아버지가 내 이상형이었다. 아버지같은 성실한 남자와 결혼해서 아이들을 낳고 키우면 현모양처가 되는 줄 알았다. 그러나 현모양처는 아무나 되는 게 아니었다. 어릴 때는 부모님이 내 인생을 결정하고 어른이 되고 시집 와서는 남편이 내 인생을 결정한다고 생각했다. 늘 남편과 시집의 눈치를 봐야 했다. 남편은 착하고, 성실하고, 무엇이든지 잘 만들고, 나를 아껴준다. 남편은 이해력이 높고 배려할 줄 아는 사람이고 가정 중심적이다. 남편과 오래도록 행복하게 살고 싶고 남편과의 관계를 잘 유지하고 싶다.

지혜와 지식을 얻는 길은 새벽독서였다. 새벽독서를 하면서 나는 내 삶의 주인이 '나' 라는 것을 깨닫는다. 더 이상은 주변 사람의 눈치를 볼 필요 없다. 나의 인생을 그 누구도 대신해 주지 않는다. 새벽독서를 하면서 나는 이때까지 다른 사람의 눈높이에 나를 맡겨두었던 것을 정리하면서 새로운 인생을 살기로 했다. 나의 인생, 내가 창조하는 인생으로 말이다.

"생각하는 대로 살지 않으면 사는 대로 생각한다."

책 속에 이런 구절이 있다. 나는 이 말이 굉장히 무섭다고 생각한다. 나의 삶을 계획적으로 살아가지 않으면 삶이 이끄는 대로 살아간다는 말로 들린다. 내가 행복하고 풍요롭고 여유로운 삶을 살아가려면 나의 길을 인도해주는 등불이 필요하다. 나의 영적인 가이드와 책이다. 나는 책 속에서 영적인 가이드의 존재를 알게 되었고 영적인 가이드의 안내를 받고자 노력한다. 물론 지금 의식의 차이로 인해 시간이 좀 걸리지만 내 의식이 높은 단계로 상승하면 언제든지 영적인 가이드와 소통할 수 있다고 믿는다.

새벽독서의 힘

새벽독서를 하기 전엔 자존감이 바닥이었으나 새벽독서를 하면서 '나는 할 수 있다'라는 생각이 들기 시작했다. 책 속의 수많은 사람은 열악한 환경에서 자신이 원하는 삶을 이루고 빛을 내고 사회에 선한 영향력을 끼친다. 나에게 지식이 없고 지혜가 없으니 이미 성공을 이룬 책 속의 주인공들에게서 배우며 '나도 할 수 있다'라는 마음을 가진다. 책 속의 많은 사례들을 보면서 나의 고정 관념이 아닌 새로운 시각으로 세상을 바라보니 세상은 아름답기 그지없다. 문제에 부딪쳐도 다른 사람의 관점에서 세상을 바라보니 해결할 방법이 생겼다. 전에는 문제를 해결할 방법이 없어 애만 태우다가 이제는 새벽독서를 하면서 해결방법을 찾아가면서 문제를 하나하나 해결해 나갔다. 이렇게 부딪친 인생의 문제들을 해결할 때마다 나는 한 걸음씩 성장해나갔다. 나의 성장은 나에게 용기를 주었고 '나도 할 수 있다'는 존재로 거듭나서 날마다 작은 성취감을 누리며 산다. 인생의 성공은 작은 성취감이 모여서 큰 성공을 이룬다.

새벽독서도 습관이고 꾸준히 하면서 성취감을 느낀다. 매일 같은 시간에 신나게 새벽독서하면서 나는 무한한 에너지를 받고 마음에 항상 긍정적인 힘이 생겨나기 시작했다. 이 긍정적인 힘은 내가 새벽독서를 하고 무엇이라도 배워나가는 원동력이다. 새벽독서를 하면서 나는 새벽독서의 중요성을 깨닫고 새벽독서뿐만 아니라 늘 시간을 내어서 독서하기로 했다. 새벽에 독서하고 자투리 시간 활용하여 독서하고 이동 중에도 E-book으로 듣는 독서를 하고 하루 종일 독서로 이어지는 삶이다. 다만 독서 내용이 다르기 때문에 하나도 지겹지 않고 새로운 지식으로 무장한다고 생각하니 마음에 늘 뿌듯함이 있다.

새벽독서를 하면서 저자의 입장을 생각하게 된다. '저자는 왜 이 책을 썼을까? 저자는 무엇을 말하고자 할까?' 이렇게 생각하다보니 책을 쓰고 싶은 욕구가 슬슬 올라오기 시작했다. 그래서 나는 긍정적인 힘으로 책쓰기를 배우기로 했다. 이전의 가난한 의식으로는 '먹고 살 형편도 어려운데 뭐 쓸데없는데 돈을 투자해서 책 쓰냐'라고 생각했겠지만 지금의 긍정적인 마음으로는 나는 가난해도 내 삶을 바꿀 수 있는 절호의 기회를 잡고 싶고 책을 써서 성공하고 싶다는 생각을 한다.

나는 〈한책협〉의 일일 책쓰기 특강에 참여하였다. 일주일에 한번씩 정해진 날에 그곳에 갔다. 그곳은 완전히 내가 사는 세상과 다른 세상이었다. 나는 성공의 기운을 한번도 느껴보지 못했지만 〈한책협〉에서는 성공의 기운을 맘껏 느낄 수가 있었다. 아니 전체가 성공의 기운, 긍정의 에너지가 넘쳐났다. 나의 자그마한 긍정의 마음은 어느새 〈한책협〉의 커다란 긍정의 기운에 휩싸였다. 나는 넘쳐나는 긍정의 에너지가 너무 좋았다. 처음으로 느껴보는 놀라운 에너지에 나는 더 이상 변명하고 싶지 않았다. 책쓰기 특강에서 많은 사람이 참석하여 한 사람씩 책쓰기 과정을 등록했다. 나도 〈한책협〉의 김도사

새벽독서의 힘

님의 "성공해서 책을 쓰는 게 아니라 책을 써서 성공한다."라는 말씀과 "목숨 걸고 코칭한다."라는 말씀에 나를 맡기기로 했다. 나는 나 자신에 대해 책을 쓸 수 있는 자신감은 없었지만 9년 동안 250여 권의 책을 펴내고 1,000명의 작가를 배출한 김도사님은 믿고 싶었다. 나는 내 삶을 확실하게 바꿔보고 싶었다. 특강을 들으면서 가슴이 뜨겁게 뛰기 시작했다. 전에 한번 느껴보지 못했던 진짜로 내가 살아 있는 증거였다. 왜 가슴이 뜨겁게 뛰었는지 나는 알지 못한다. 그냥 가슴이 뜨겁게 뛰고 있어서 가슴 시키는 일을 하기로 했다.

지금 〈한책협〉 교육 과정을 수료하고 책을 집필하는 중이다. 〈한책협〉을 알고 나서 하루도 책쓰기 배우려고 내린 결정을 후회한 적이 없다. 나는 〈한책협〉을 만나서 늘 즐겁고 기쁘고 행복했다. 나의 내면의 놀라운 에너지는 나를 '할 수 있는' 존재로 더 업그레이드했다. 원고도 잘 쓰고 있다. 머지않아 완성될 예정이다. 나는 지금까지 '할 수 없는' 인간이었지만 책 한 권 분량의 원고를 다 써가는 '할 수 있는' 인간으로 거듭나고 있다. 참으로 긍정의 힘은 놀랍고, 〈한책협〉에서 배운 우주의 법칙과 상상의 힘은 나를 온전히 행복하게 했다.

내가 이미 작가가 된 모습과 강연하는 모습을 날마다 상상한다. 나는 이제 작가부터 시작하는 것이다. 작가가 되면 할 수 있는 일들이 더 많이 생긴다. 다른 사람들은 독서가 자기계발이라 하지만 나는 독서는 자기계발의 기본에

불과하고 책쓰기가 자기계발의 시작임을 확신할 수 있다. 작가가 되어 내가 쓴 책으로 1인창업을 시작하며 강연가가 되어가며 나의 무한한 잠재성을 세상에 드러내기 시작하는 것이다.

이제 멋진 꿈을 가지고 멋지게 배우며 멋진 삶을 위해서 한 걸음 더 성장하고 가슴 뛰고 뜨거운 열정으로 하루하루를 충만하게 채워 나가는 나는 아름답다. 나의 인생은 이제 더 아름다운 미래로 이어지고 있다. 나에게 긍정을 심어준 새벽독서는 나의 큰 자산이며 앞으로 나를 더욱 성장시켜주는 큰 힘이다. 나는 지금에 와서 새벽독서로 삶이 바뀌어졌다고 당당하게 말할 수 있다. 내 삶이 바뀌듯이 당신의 삶도 바뀔 수 있다. 독서에는 그런 놀라운 힘이 확실하게 있다.

이제 나는 백지 위에 나만의 아름다운 그림을 그리며 미래를 창조해간다. 놀라운 창조력을 갖고 태어난 나는 이제는 더 큰 꿈을 향해 나아가고 더 멋진 삶을 살아갈 수 있다는 확신이 생겼다. 스스로를 사랑하고 스스로의 능력을 믿고 스스로를 응원하고 하나님이 나를 창조하신 뜻이 이루어지기를 상상하면서 오늘도 기쁜 마음으로 원고를 마무리한다. 나는 나를 사랑하기에 내 인생을 더 이상 다른 사람의 손에 맡기지 않는다. 이제는 내가 내 삶의 주인이다. 나의 삶은 멋지고 빛날 것이다.

새벽독서로
내 인생이 바뀌었다

인생에 있는 큰 비밀은 비밀 따위는 없다는 것이다.
당신의 목표가 무엇이든 열심히 할 의지가 있다면 달성할 수 있다.
- 오프라 윈프리

지금 시대는 모든 것이 빨리 변화하고 도태되는 시기다. 또 코로나로 인하여 앞으로 직장 생활은 더 이상 직장이 안전하지 않음을 사람들은 알고 있다. 이제는 뭔가 크게 변동하는 시기여서 미리미리 준비하지 않으면 우리도 도태된다. 그런데도 많은 사람들은 직장생활이 전부인양 직장을 다니면서 안주하는 생활을 하고 있다. 많은 사람들은 직장을 다니면서도 불평불만을 하면서 다니는 사람들이 많다. 아직도 남 탓을 하면서 또 자신들은 행복하면 안 되는 존재, 사랑받으면 안 되는 존재로 알고 있으면서 어둠으로 자신을 채운 채 하루하루 무기력하게 살아가고 있다. 그들은 꿈도 없고 목표도 없이 상황에 따라 흔들리면서 힘든 나날을 보내고 있다.

　그들에게 꿈 얘기를 하면 그들은 이제 와서 무슨 꿈을 꿀 수 있겠는가? 젊었을 때 하지 않은 공부를 무슨 이 나이에 하냐고 한다. 또 가족들 먹고살기도 어려운 형편에 무슨 자신을 위한 자기계발을 할 수 있겠는가? 하는 사람도 많다. 당장 눈앞의 보이는 것만 보면서 보이지 않는 미래는 전혀 생각조차 하지 않는다. 이런 사람들은 지금도 힘든 삶을 살아가는데 미래는 더 암울하다. 이런 사람들을 보면 안타깝다.

　나도 삶의 목적을 모르고 살던 때가 있었고 극복하고 날마다 새벽독서로 새롭게 삶을 변화시킨다. 날마다 '된다. 된다. 잘 된다.'를 외치면서 꾸준히 해 나가가는 새벽독서는 미래의 자신에 대한 확신을 준다. 히브리서에 '믿음은 바라는 것들의 실상이요, 보이지 않는 것들의 증거'라고 한 말씀이 기억난다. 날마다 보이지 않는 미래를 위하여 아름답고 행복한 미래가 이루어졌다고 상상하면서 새벽에 힘을 내서 독서를 한다. 스스로 힘을 내고 격려하고 칭찬하면서 날마다 의식을 단련해 나간다.

　독서는 나에게 긍정적 스위치를 켜도록 안내해주고 그 긍정적 스위치를 켤 수 있는 이는 오직 나라는 것을 가르쳐주었다. 나는 한번에 나의 부정적 생각을 바꿀 수 있는 스위치를 켜기로 했다. 사실 어두운 방에 전등 스위치

　　　　　　　　　　　　　새벽독서의 힘

를 켜면 한번에 온 방이 환해진다. 구석구석이 환해지는 것이 아니다. 한번에 확 밝은 빛으로 어두움은 사라진다. 그래서 시작한 독서가 이제는 나에게 마음 속 풍요를 주고 여유를 준다. 나의 존재의 정체성을 알고 나의 살아가는 목적을 알게 되니 나는 너무나 행복하다.

의도적인 긍정적 생각으로 삶은 날마다 모든 면에서 점점 더 좋아지고 있다. 한 가지 일에 감사하다 보니 감사할 수 있는 일이 꼬리에 꼬리를 물고 온다. 이제는 사는 것이 지옥이 아닌 천국을 사는 것 같다. 사는 재미가 있고 행복하고 가정도 더 아끼고 사랑할 수 있는 힘이 생겼다. 그러면서도 자신의 꿈이 이루어진다는 사실로 날마다 열정이 그칠 줄 모르고 사랑이 새롭게 샘솟는다. 지금 이 삶이야말로 얼마나 고대했던 삶인가? 더 많은 시간을 독서 시간으로 확보하기 위하여 늘 새벽 3시에 일어난다. 새벽에 나의 정체성을 알려주는 책들을 반복적으로 보고 또 본다.

『초인 대사 100문 100답』은 정말 많은 사람에게 추천해주고 싶은 책이다. 책 속에서 나의 존재를 알게 되고 내가 이 세상에 온 목적을 알게 되며 나의 꿈을 분명하게 하는 책이다. 나는 나에게 이런 귀한 책을 소개해주신 〈한책협〉의 김도사님께 깊은 감사를 드린다. 이 책 하나면 정말 많은 것을 깨달을 수 있다. 웬만한 자기계발서의 몇 배의 가치가 있는 책이라고 생각한다. 이렇게 의식을 확장시켜주는 책들은 나뿐만 아니라 다른 사람에게도 확실히 도움이 된다고 생각된다.

내가 본 의식을 확장시켜주는 책들로는 『상상의 힘』, 『확신의 힘』, 『왓칭』, 『허공의 놀라운 비밀』, 『나는 누구인가』, 『인생 1대1 멘트』, 『1700년 동안 숨겨진 절대 기도의 비밀』, 『우주는 당신의 느낌을 듣는다』, 『네빌링』, 『네빌 고다드의 5일 강의』, 『믿음으로 걸어라』, 『세상은 당신의 명령을 기다리고 있습니다』, 『웰컴 투 지구별』, 『내가 임사체험을 하고 난 후 깨달은 것』, 『초인의 삶과 가르침을 찾아서』, 『이미 이루어진 것처럼 살아라』, 『죽음』, 『유인력, 끌어당김의 법칙』, 『신과 나눈 이야기』, 『신과의 우정』, 『수호천사』, 『리액트』, 『기억』, 『잠재 의식의 힘』, 『부활』, 『네빌 고다드 라디오 강의』, 『우리는 신이다』, 『리얼리티 트랜서핑』, 『디바인 매트릭스』, 『람타 화이트북』, 『신과 나누는 우정』, 『삶으로 다시 떠오르기』, 『깨어나세요』, 『트랜서핑의 비밀』, 『제로원』, 『세스 매트리얼』, 『웨이아웃』 등이 있다. 이러한 책들은 우주와 신과 나의 관계를 잘 설명해주고 나의 존재의 정체성을 확실히 해준다. 나는 원래부터 천사적인 존재임을 깨닫게 해주는 귀한 책이다. 이런 책들을 읽으면서 나는 마음의 평안을 찾는다.

날마다 새벽독서를 하는 내 앞에는 아름다운 미래가 기다리고 있음을 알고 있다. 원래 이 세상에 풍요를 누리며 기쁘게 즐겁게 행복하게 살아가도록 이 세상에 창조된 존재로서 이제 창조주의 깊은 뜻이 이루어질 것 같은 아

새벽독서의 힘

름다운 미래가 나를 기다리고 있으니 삶이 신나고 재미나고 열정으로 충만하다. '할 수 있다'는 자신감으로 무장하며 날마다 조금씩 준비를 해나가면서 나의 미래의 아름다운 삶에 합당할 나를 만들어가고 있다. 자신감, 자존감이 향상되고 있으니 나의 존재가 대견스럽다. 확실한 꿈과 목표가 있으면 어떠한 형편이 와도 흔들리지 않고 자기의 자리에서 빛을 내기 위해 연단하고 있다.

「욥기」에는 이런 이야기가 있다. 하나님이 욥을 칭찬하자 사탄이 욥을 질투했다. 사탄은 하나님이 모든 것을 욥에게 주셨으니 욥이 하나님을 찬양하는 것이지, 하나님께서 이 모든 것을 다 거둬가시면 욥도 하나님을 원망할 것이라고 했다. 그 결과 하나님은 사탄에게 욥의 생명만을 해치지 말고 모든 것을 거둬도 욥이 하나님을 찬양할지 겨루어보기로 했다. 부자인 욥은 하루 만에 모든 자녀와 자산을 다 잃는 아픔을 당하게 된다. 그 와중에 몸에는 흉한 피부병이 생기고 아내는 하나님을 욕하면서 떠나버렸다. 그러나 욥은 끝까지 하나님을 원망하지 않고 하나님의 신임을 얻었다. 하나님은 이런 욥에게 더 큰 부와 자녀를 허락하였다. 「욥기」에는 "나를 단련하신 후에는 내가 정금같이 나아가리."라는 구절이 있다. 이 구절은 목표를 향해 나아갈 때 좌절할 때 큰 힘이 되는 구절이다.

작가와 강연가의 꿈을 늘 생생하게 상상한다. 늘 강연으로 바쁜 일정을 소화하면서 바쁜 와중에도 운동을 꾸준히 하여 건강을 챙기는 내 모습을 상상한다. 또 강연으로 스케줄을 맞추는 모습도 상상한다. 나는 강연이 끝나고 나의 이름으로 된 책에 멋진 사인을 하는 모습도 날마다 상상한다. 이렇게 작가가 되고 강연을 하고 동기부여가가 되어서 따라오는 물질적 축복도 상상하면서 날마다 이미 이루어진 것처럼 행복한 꿈을 꾸고 있다. 『이미 이루어진 것처럼 살아라』의 저자 김도사님의 책을 보면서 내가 소망하는 모든 것을 무의식에 각인하고 이미 꿈이 이루어졌다고 날마다 자기암시하는 삶은 빠른 결과를 가져올 수 있다고 믿는다.

내가 했으니 나의 책을 본 독자들도 늦어도 꿈을 가지고 이제부터라도 시작하면 언젠가는 성공을 맛볼 수 있지 않을까? 시작하지 않고 꿈도 목표도 무엇인지 모른다면 의식을 높여주는 독서를 하는 것부터 시작하면 된다. 우리 삶을 변화시키려면 의식이 변해야 한다. 의식이 변하지 않고는 아무것도 변화하지 않는다. 그러니 여러분도 망설이지 말고 시작하라. 아직까지 망설인다면 네이버 카페 〈새벽독서연구소〉를 찾아보라. 거기에는 삶에 희망이 없고 목표가 없는 사람들을 위해 많은 자료가 기록되어 있다. 나는 다른 사람들에게도 독서하는 붐을 일으키고 싶고 한 명이라도 나의 책을 보면서 독서에 도전하고 꿈을 가지기 시작했으면 좋겠다는 마음에서 이 책을 집필한다.

독서력이
나의 미래를 결정한다

배움은 우연히 얻는 것이 아니라
열성을 다해 갈구하고 부지런히 집중해야 얻을 수 있는 것이다.
- 애비게일 애덤스

독서력은 독서를 하면서 생기는 힘을 독서력이라 한다. 나는 독서력은 온전히 꾸준하고 성실함의 산물이라고 생각한다. 한 권의 독서로부터 시작하여 10권, 100권 독서를 하면서 독서의 임계점을 넘어야 한다. 물이 100℃에서 끓듯이 독서도 독서 임계점을 넘어야 그때부터 힘이 생긴다. 독서 임계점은 사람마다 다르지만 나는 100권 정도에서 임계점이 되지 않을까 싶다.

독서를 날마다 꾸준히 하므로 사고의 방법이 바뀌어가면서 삶도 점점 긍정적으로 바뀌고 있다. 나는 긍정적인 삶을 살고 싶었다. 그러나 실상은 늘 불평불만을 하면서 살았다. 아무리 애써도 몸에 밴 불평불만의 습관을 떨쳐 낼 수 없었다. 그러다 책을 읽으면서 나의 존재와 내가 지구별에 살아가는 목적과 또 나는 빛의 일꾼임을 아는 순간부터 나의 마음은 긍정적으로 변화하기 시작했다. 내가 이렇게 변화했다고 하면 주변 사람들은 뭐 얼마나 변했기에 변했다고 난리냐고 하겠지만 나는 안다. 나는 부정적인 생각이 날 때 의도적으로 긍정적인 생각을 한다. 몸에 밴 부정적 마음이 슬슬 올라오면 긍정의 스위치를 켠다. 의도적으로 기쁘거나 즐거운 생각을 함으로써 부정적인 생각이 들지 않도록 말이다.

어떤 책에서 이런 문구를 보았다.

"의도적으로 자신이 원하는 것을 무의식에 각인시키지 않으면 무의식이 나를 통제하여 내가 원치 않는 결과를 창조해 낸다."

이 구절을 읽는 순간 나는 섬뜩하였다. 내가 이때까지 힘들고 가난하게 산 것은 내가 무의식을 의도적으로 통제 하지 않아서 무의식이 나의 생각을 통제하여 내가 원치 않는 결과를 이루어 냈다는 것이다. 우리가 총선, 대선 투표를 할 때도 마찬가지이다. 누군가가 자신이 뽑고 싶은 사람을 뽑지 않았다면, 혹은 투표권을 포기했다면? 당선된 사람이 자신이 원하는 사람이 아닐 때 그들은 이렇게 말한다. "내가 그리 될 줄 알았다." 그러나 그들이 자신이 뽑고자 하는 사람에게 투표했다면 결과가 자신이 원하는 대로 나올 수도 있지 않을까?

삶은 선택의 연속이다. 우리는 태어날 때부터 부모를 선택하고 그 부모 밑에서의 삶을 미리 계획하고 성장해간다. 선택하는 순간 자신의 한 역사가 쓰이는 것이다. 우리가 기어 다니고 움직이기 시작할 때부터 선택을 한다. 그때부터 시작한 선택은 어떤 것을 먹을까? 어떤 것을 입을까?부터 어떤 친구와 사귈까? 어떤 학교에 갈까? 어떤 무엇을 할까? 늘 선택한다. 중국집에 가서도 짜장이냐 짬뽕이냐? 좋아하는 일이냐? 급한 일이냐? 살까? 말까? 할까? 말까? 별의별 선택이 순간마다 우리를 기다리고 있다. 선택을 잘못하면 평생 고생한다. 선택을 잘하면 평소 안 되던 일들도 잘되어간다. 이전의 안 되던 것들도 끊어낸다. 그러나 부정을 선택하면 결과는 안 좋다.

『성경』에서도 최초 인류인 아담과 하와가 하나님의 금지물인 선악과를 따먹고 나서 아담은 하와를, 하와는 뱀을 결국 자신들과 이 세상을 창조한 하나님의 탓을 하면서 에덴 동산에서 쫓겨난 것이다. 또 이스라엘 백성이 출애굽하고 나서 40일이면 가나안 땅에 들어갈 수 있었지만 기존 세대 어른들은 광야에서 불평불만을 부리면서 결국 기존 세대 어른들은 다 광야에서 죽고 그 후의 세대와 갈렙과 여호수아 족속만 가나안 땅에 들어갈 수 있었다.

나는 책을 읽으면서 상상의 힘을 알게 되었다. 상상의 힘은 나에게 전혀 다른 새로운 세상을 열어주었다. 상상의 힘은 긍정적인 것이나 부정적인 것을 나타낼 수 있다. 우리가 보통 습관적으로 말하는 것이 부정적이라면 부정적인 결과를 가져오며 우리가 긍정적인 것을 상상하면 긍정적인 것을 나타낸다. 긍정과 부정도 나의 선택할 몫이다. 내가 긍정을 선택하면 긍정의 삶을 살아가는 것이다. 내가 부정을 선택하면 부정적인 삶을 사는 것이다. 이렇게 명확한데 어찌 긍정을 놔두고 부정을 선택할 수 있을까? 긍정과 부정이 나의 의도적인 선택이라면 나는 이제부터 긍정을 선택할 것이다.

「여호수아」에서 가나안으로 들어갈 때 하나님은 12지파 중 한 사람씩 선정하여 가나안 땅을 염탐하라고 명령하신다. 그때 10지파의 대표는 가나안의 원주민을 거인으로 생각하고 본인들은 스스로 메뚜기로 자청하여 절대 젖과 꿀이 흐르는 가나안땅에 들어갈 수가 없다고, 그곳에 가면 메뚜기는 당연히 거인에 의해 다 죽을 것이라고 군중들을 선동했다. 여호수아와 갈렙도 같은 지역을 보고 같은 것을 보았지만 그들은 가나안 땅이 젖과 꿀이 흐르는 땅이고 하나님이 함께하시니 가나안 땅을 정복해도 된다고 했다. 결과 이스라엘 군중들은 여호수아와 갈렙을 죽이려 하면서 불평을 하기 시작했다. 그러나 하나님은 상반되는 결과를 내주셨다. 스스로 메뚜기처럼 여긴 10족속은 가나안으로 들어가지 못하고 광야에서 죽었고 여호수아와 갈렙과 어린 세대만 가나안 땅에 들어갔다.

삶의 주체가 '나'가 되니 모든 일에 나의 책임이 있음을 안다. 남 탓을 하던 나는 나의 탓을 하게 되고 나의 탓을 하니 모든 관계가 좋아지고 있다. 나는 더 이상 불평하지 않기로 했다. 책을 읽으면서 나는 감사하는 힘이 얼마나 큰 지를 알게 되었다. 감사함은 또 새로운 나를 만들어갔다. 「데살로니가전서」 중 "항상 기뻐하라. 쉬지 말고 기도하라. 범사에 감사하라. 이것이 그리스도 예수 안에서 너희를 향하신 하나님의 뜻이니라."라는 말씀이 있다. 하나님은 우리가 기뻐하고 감사하고 언제나 우리를 도울 수 있음을 알게 되었다. 날마 다 감사한다. 감사는 더 나은 미래를 만들어 낸다. 작은 감사는 큰 감사를 불 러일으킨다. 감사할수록 더 크게 감사할 일이 생긴다.

우리나라 뇌 과학계의 거장 이시형 박사는 이렇게 말한다. '감사하다'는 것 은 복합적인 감정이다. 뇌에는 '전두연합영역'이 있다. '전두연합영역'에 감사 하다는 마음을 가지면, 뇌의 전두엽과 변연까지 영향을 미친다. 따라서 뇌 전 체에 영향을 미친다. 뇌가 긍정적으로 바뀌면서 세로토닌이 분비되면서 인간 의 이타적인 본능을 자극하고 누군가에게 베풀고 도움을 주면서 행복감을 느낀다. 실제로 감사할수록 더 많은 감사가 잇따르는 것을 볼 수 있다. 『성경』 말씀을 한번 살펴보자. 「빌립보서」에 이런 말씀이 있다.

"아무 것도 염려하지 말고 오직 모든 일에 기도와 간구로, 너희 구할 것을 감사함으로 하나님께 아뢰라."

『성경』에 감사라는 단어가 196번이나 있다. 이렇게 많은 감사는 하나님이 우리에게 주신 힘이며 하나님과 우리 자신에게 유익한 것이다. 날마다 감사하면서 역경을 이겨내면 더 큰 감사할 일들이 일어난다. 작은 일에 감사하고 지금에 감사하고 가지고 있는 것에 감사하면 삶은 날마다 행복으로 충만하다.

'감사합니다'를 외칠 때 삶은 더 여유로운 새로운 삶을 이루어 낸다. 지금 현재 가진 것이 없더라도 현재 삶이 견디기 어렵고 숨조차 쉬기 어렵더라도 알몸으로 태어 날 때를 생각하면 몸에는 옷을 걸치고 있고 주변에는 나를 사랑하는 사람이 있고 혼자가 아닌 여러 존재가 함께 함을 알 수 있다. 하나님도 제사보다 감사를 더 좋아 하신다.

나의 보이지 않는 자산은 독서력이다

장애를 만나면 고통스럽지만 그것은 반드시 인생에 또 다른 기회를 준다.
인생을 뒤흔들고 지나간 고통에는 신이 우리에게만 허락한 커다란 선물이 숨어 있다.
– 이랜드 박성수 회장

사람들은 각기 자신의 자산을 갖고 있다. 어떤 사람은 재산이 많은 것, 어떤 사람은 지혜가 많은 것, 어떤 사람은 기술적으로 장인이 되는 것, 어떤 사람은 아이디어로 번쩍인다. 또 긍정 마인드도 자산이고 인성도 자산이다. 성공자의 좋은 성품도 자산이다. 꿈과 비전도 자산이다. 나에게는 독서가 자산이다. 남편과 자녀도 자산이다. 꼭 보이는 것만 자산이 아니라 보이지 않는 것도 자산이 될 수 있다.

보이지 않는 가치에 투자하기 위하여 기꺼이 워런 버핏과의 한 끼의 식사를 위하여 수십억 원을 투자하는 사람도 있고 성공 학 대가의 브라이언 트레이시의 강의에 8억 원에 달하는 비용을 지불하고 수많은 사람이 참여한다. 그들은 가치를 알기 때문이다. 나에게 있어서 독서가 바로 그 가치다. 나는 내 삶이 어렵고 힘들지라도 책을 사는 데 돈을 아끼지 않는다. 한 달 월급 받으면 나는 먼저 월급의 10%로 책을 산다. 택배로 책을 받을 때만큼 마음이 뿌듯할 때가 없다. 책을 읽고 꿈을 이루기 위해 목표를 설정하고 목표를 향해 달려갈 수 있다. 꾸준히 책을 읽으면서 독서력이 커지고 세상을 보는 관점이 넓어지고 날마다 모든 면에서 변화하고 점점 더 나은 삶을 살아가고 있다.

부자가 되려면 부자의 생각을 배우고 부자의 돈을 대하는 태도와 돈을 버는 방법을 배워야 한다. 그러기에 부자에 관한 책을 사서 늘 보고 연구해야 한다. 부자의 습관대로 연습해야 한다. 이렇게 부자의 방법을 배우려면 시간과 노력을 들여야 한다. 그들의 일거수일투족을 역시 책에서 배울 수 있다. 가난한 사람은 배우기를 좋아하지 않고 독서를 좋아하지 않으며 부자를 업신여기며 그들을 비꼬는 사람도 있다. 그들은 평생 가도 가난한 마인드로는 부의 길에 들어갈 수가 없다. 가난한 의식에서 부자의 의식으로 바뀌지 않으면 부자가 될 수 없다. 평생 헛고생만 하다가 이 세상을 떠날 때면 후회하는 삶을 살아간다.

우리는 한 살이라도 젊을 때 꿈을 꾸고 목표를 정하고 살아가야 한다. 꿈이 있는 사람은 어떤 역경이 있어도 다시 일어나고 성장할 수 있다. 꿈은 우리를 성장하게 하는 원동력이다. 꿈이 있고 그 꿈을 이루기 위한 구체적인 목표가 있으면 이루어진 꿈을 상상하면서 모든 역경을 이겨낸다.

꿈은 우리에게 가슴이 뛰게 하고 죽었던 심장에 활기를 채워준다. 꿈이 있을 때 비로소 살아 있음을 느낄 수가 있다. 그 살아 있는 느낌을 생생하게 상상하면서 꿈을 실현하는 과정에 힘들고 어려울지라도 이겨낼 수 있는 힘이 생긴다.

독서를 하면서 분야별로 100권 이상씩 읽으면 전문가의 지식과 지혜를 갖출 수 있고 전문가의 눈으로 세상을 바라볼 수 있다. 방향이 보이고 목표가 확실하며 꿈을 이룰 수 있는 기간이 단축된다. 독서는 우리의 꿈을 더욱 확실하게 보여준다. 책에서 배우는 대로 작은 것을 실천하다 보면 우리는 언젠가 꿈을 이루었음을 알게 된다.

성공은 결코 작은 습관들을 꾸준히 실천하면서 작은 성취감을 이루며 나중에 많은 작은 성취감이 쌓여서 큰 성공을 이룬다. 존 틴들은 이렇게 말한다.

"올바른 습관을 형성하는 것은 영구적인 안전을 위해 꼭 필요하다. 좋은 습관은 난관에 부딪혔을 때 타락의 기회를 줄이고, 마음의 평정을 잃었을 때 회복의 기회를 늘린다."

새벽독서 역시 마찬가지다. 나를 변화시키기 위하여 시작한 독서는 한 권을 읽는 데부터 시작하여 꾸준히 읽어가면 독서력도 차츰차츰 커진다. 책을 읽으면서 책 속의 스토리로 하여금 나에게 더 이상 비관적이지 못하게 한다. 성공한 사람들의 처한 고난의 삶은 나의 고난보다 훨씬 더 심한 고난이다. 나의 고난이 주인공의 시련보다 고난보다 약하게 느껴질 때 나는 동기부여를 받는다. 저자도 극복했는데 나도 극복할 수 있다.

『30억 빚을 진 내가 살아가는 이유』라는 책이 있다. 저자는 이겨내겠다는 의지만 갖고 있다면 세상에 감당할 수 없는 시련은 없다고 한다. 많은 사람들은 이런 상황에 놓이면 파산을 신청하지만 저자는 자신을 믿어준 지인들을 위하여 파산하지 않고 시련을 극복하기로 했다. 밤낮없이 일하며 빚을 청산해 나가면서 꼭 갚을 수 있다는 의지 하나만으로 빚을 갚아 나갔고 그 빚을 감당하였다. 이런 상황에 비추어볼 때 우리 가정이 진 빚 1억은 그에 비하면 새발의 피다. 우리가 이때까지 빚을 못 갚았던 이유는 늘 빚에 집중하여 그 빚을 큰 산으로 키워 나갔던 것이다. 그래서 우리는 스스로 메뚜기처럼 되고 빚은 날마다 크게만 보였던 것이다. 이제 우리의 생각을 바꾸어서 우리가 빚보다 훨씬 큰 존재이며 우리는 둘이 합심하여 그 빚을 2~3년 안에 갚을 수 있는 존재로 입장을 바꾸어 빚을 갚은 후의 자유로운 삶을 상상하면서 빚을 꾸준히 갚아 나가면 된다.

우리는 아직 건강하고 아직 젊다. 아직도 우리에게는 빚을 갚고 경제적 자유를 누릴 수 있는 기회가 있다. 지금 어렵다고 이 자리에서 낙심하지 말고 일어나서 삶에 충실히 하고 재테크 책으로 공부하면서 빚을 갚고 종잣돈을 모으고 경제적 자유를 누리며 살아갈 수 있다. 빚을 갚는데도 작은 습관 하나하나가 쌓여서 빚을 갚을 수 있다. 빚을 진 사람에게 성공은 빚에서 벗어나 경제적 자유를 누리는 것이 성공하는 삶을 사는 것이 아닐까?

빚을 갚음에 중요한 것은 빚이 아니라 우리가 갚을 수 있다는 의지다. 빚을 갚는 것이 우리의 목적이다. 우리는 목적을 세우고 계획적으로 목표를 이루도록 작은 낭비부터 줄여가며 재테크의 책에서처럼 하나하나 실천해가면서 결국 빚을 이길 것을 상상하면 우리의 빚은 어느새 다 갚아진다.

"성공은 성공지향적인 사람에게만 온다. 실패는 스스로 실패할 수밖에 없다고 체념해버리는 사람에게 온다."

나폴레온 힐의 말이다. 실패를 거듭하는 횟수가 많을수록 성공할 확률이 높아진다. 성공하는 사람들은 자신의 능력을 갈고닦으면서 성공을 이룬다.

위기는 위험과 기회가 함께 존재하여 위기로 되지만 또한 일어설 수 있는 기회기도 하다. 우리는 어려운 상황에 한계를 짓지 말고 한계를 뛰어넘어야 한다.

인생에서 가장 중요한 날은 오늘이며 오늘에서 가장 중요한 시점은 바로 지금이다. 지금 이 시간에 나는 책을 읽고 글을 쓴다. 지금 내가 독서하고 글을 쓰면 나의 미래는 아름답게 창조되고 있다. 작가가 되고 의식상승을 하여 의식 낮은 사람들에게 동기 부여하는 모습을 날마다 생생하게 상상하고 있다. 작가로서 저자회 사인을 하는 모습과 대중들 앞에서 강연하는 모습은 나의 심장을 뛰게 한다. 나는 아무리 힘들어도 꿈을 향한 의지로 이겨낼 수 있다. 힘들어하는 남편에게 먼저 동기부여하며 남편의 능력을 향상시키고 남편이 이로 인하여 더욱 멋진 사람으로 거듭날 수 있도록 옆에서 도와줄 수 있다.

지금 삶이 힘들다고 주저앉지 말자. 이 또한 지나가리라는 말을 믿고 힘든 날에 서로 힘을 보태주며 도전한다. 우리는 결코 이길 것이다. 복음성가 중에 〈주님의 손 잡고〉란 노래가 있다.

"왜 나만 겪는 고난이냐고 불평하지 마세요. 고난의 뒤편에 계신 주님이 주실 축복 미리 보면서 감사하세요. 너무 견디기 힘든 지금 이 순간에도 주님이 일하고 계시잖아요. 남들은 지쳐 앉아 있을지라도 당신만은 일어서세요. 힘을 내세요. 힘을 내세요. 주님이 손잡고 계시잖아요. 주님이 나와 함께 함을 믿는다면 어떤 역경도 견딜 수 있잖아요."

나는 이 복음성가를 정말 좋아한다. 내 속에 주님이 함께하심을 믿고 전지전능한 주님이 나와 함께 고난을 당한다고 생각할 때 나는 무한한 힘이 생긴다. 힘들 때마다 부르고 또 부르면 마음에 힘듦이 사라진다. 새롭게 다시 시작할 수 있다.

새벽독서를 하는 사람은
미래가 두렵지 않다

목표가 있는 사람들은 성공한다.
왜냐하면 그들은 어디로 가야 할지 알기 때문이다.
단지 그 이유뿐이다.
– 얼 나이팅게일

새벽 시간을 생산적으로 활용한 사람 중에는 고 정주영 회장이 있다.

"어떤 일을 한 때는 경력이나 학벌이 일을 하는 것이 아니고 그 시점에서 그 사람의 마음가짐과 자세가 일을 한다. 어려운 일이 있으면 문제를 해결하기 위해서 혼신의 노력을 기울여야 한다. 극복하지 못할 이유는 존재하지 않는다. 따라서 노력하는 사람에게는 이유 같은 것이 아무 문제도 되지 않는다."

정주영 회장의 집에 걸려 있는 '일근천하무난사'는 '한결같이 성실하면 세상에는 어려운 일이 없다'라는 뜻이다. 새벽독서도 마찬가지다. 내가 이불 속의 따뜻하고 달콤한 잠의 유혹을 물리치고 차가운 새벽을 맞이할 때도 나의 마음가짐과 자세부터 이미 평범한 것을 깨고 새로운 것에 도전하기 위해 혼신의 노력을 다하는 것이다. 이렇게 새벽에 일어나 나의 삶을 변화시키기 위하여 하는 독서는 내가 이미 혼신의 힘을 다해 노력한다는 것을 말해주고 있다. 나라고 왜 새벽에 더 자고 싶지 않겠는가? 나라고 왜 따뜻한 이불 속이 그립지 않겠는가? 나도 다른 사람과 똑같이 이불 속에 좀 더 눕고 좀 더 자고 싶다. 그러나 이미 내 삶을 변화하고자 하는 굳센 의지는 이미 나를 이불에서 벌떡 일어나도록 한다. 40살까지 방황하던 내가 이제는 가야 할 길이 명확하다. 나는 왜 지구별에 왔는지, 나는 무엇을 위해 살아가야 하는지, 나는 어디로 가야 하는지, 이런 삶의 목표와 이유를 알기에 나는 나 자신이 더욱 완전하여지도록 노력한다.

이렇게 매일 새벽에 일어나 독서하는 나는 날마다 사고가 확장되고 날마다 긍정적으로 바뀌어가면서 가슴 벅찬 미래를 기대하고 창조하여 나간다. 새벽에 꾸준히 일어나 독서하는 것은 사람의 성실함을 나타낸다. 주변 사람들도 내가 새벽형 인간으로 꾸준히 독서를 한다는 것을 알고 신뢰를 가진다. 무엇보다 새벽독서는 성실함과 꾸준함의 연속이다.

새벽독서로 나는 재테크에 관하여, 마음공부에 관하여, 인문학에 관하여, 의식 확장에 관하여 등 많은 면에서 지식이 쌓여가는 것을 느낄 수 가 있다. 마음의 근육도 커지고 독서의 근육도 커졌다. 인간관계를 이해할 수 있었고 시간 관리를 배울 수 있으며 몸이 아플 때는 치료법도 배울 수 있다. 과학이 발전하여 AI가 사람을 지배하는 세상이 올까 두려워도 AI관한 책에서 많은 지식을 배우며 불안한 미래에 대하여 대처법을 익히면 그 어떤 상황이 와도 두렵지 않다. 독서하는 사람은 책 속에서 많은 것을 배우기 때문에 미래가 두렵지 않다.

그러나 배우지 않고 공부하지 않는 사람은 미래가 불안하고 두렵다. 『명심보감』에는 이런 말이 있다. '사람이 배우지 않으면 마치 캄캄한 밤길을 가는 것과 같다.' 사람이 배우지 않으면 자기 생각대로 사는 것이다. 그 방법이 맞는지 틀렸는지도 모르고 계속 시간을 낭비하면서 그렇다 할 결과를 이루어내지 못한다. 배운 사람들은 그런 사람들을 볼 때 틀리는 방향으로 가는 것을 볼 수 있다. 그래서 조언을 해주면 배우지 않은 사람들은 조언을 해주는 사람들을 잘났다고 생각한다. 그들은 이처럼 사회에 뒤쳐져 있는 삶을 살아가고 삶의 무게에 허덕거리고 있다.

배우지 않는 것은 사람이기를 거부하고 짐승처럼 살아가기를 원하는 것과 같다. '걸어 다니는 송장', '고깃덩어리' 같은 말을 들으면 얼마나 기가 막힐까?

새벽독서의 힘

메난드로스는 무식하면 기막힌 일도 눈에 띄지 않는다고 개탄했다. 한 사람은 그 사람 자체가 완벽하지 못하다. 사람은 완벽함을 추구한다. 그것이 본성이다. 때문에 다른 사람들의 지혜를 배워야 하고 완벽하여지도록 노력해야 한다. 사람이 배우지 못하면 그 잠재된 능력을 발휘하지 못하고 아깝게 썩어간다. 사람들은 누구나 다 부를 누릴 그릇을 타고났지만 그것을 활용할 수 있는 방법을 몰라서 그 주어진 부를 누리지 못하고 있다. 『성경』에서는 사람들에게 모든 것을 다스리라고 하는 큰 권능을 주셨다. 그런데도 사람들이 무식해서 돈의 노예로 현대판 직장 노예로 살아가고 있다. 늘 빚에 시달리고 돈에 끌려다니는 삶을 살고 있다. 독서하는 사람은 알고 있다. 돈의 문제는 재테크 관한 책을 읽고 그 책에서 제시해주는 방법대로 빚에서 탈출하고 경제적 자유를 누릴 수 있음을.

사람은 의식적으로 미래가 불안하고 두려울 것을 인지하고 있다. 지금 인류는 3차원 세계에서 4차원의 의식 세계로 진화하는 과정에 있다. 과학의 발전으로 인해 그 진보를 빨리 할 수 있어서 과도기의 인류는 매우 혼란스럽다. 과학이 발전하여 어느 정도의 영계를 입증하면 인류는 4차원에 들어간다. 이렇게 혼돈스러운 시기에 사람들은 영적으로 완벽하게 보호받는 방법을 알아야 한다. 나는 책에서 영적으로 보호받는 법도 배운다. 영적으로 신들에게 도움받는 법도 배운다.

사람들은 배우려면 배움의 자세를 가져야 한다. 조선 후기 실학자 박지원 이렇게 말한다. "노비라도 자기보다 한 자를 더 안다면 그에게 배워야 한다." 진리 앞에 겸손하라는 말이다. 공자도 『논어』에서 "아침에 도를 들어 깨달으면 저녁에 죽어도 좋겠다."라고 말한다. 얼마나 배우고자 하는 열망이 컸으면 아침에 배우고 저녁에 죽어도 소원이 없다고 할까? 그는 또 "세 사람이 길을 갈 때에는 반드시 내 스승이 있다."라고 했다. 어느 누구든지 나의 스승이 될 수 있다. 좀 더 겸손한 관점으로 바라보면 말이다.

요즘은 세상에 장기적으로 코로나라는 전염병이 돌고 있어서 사람들을 불안하게 만든다. 직장도 불안하고 기업체도 불경기다. 집에서 비대면으로 업무를 봐야하는 시간도 많아진다. 그나마 집에서라도 업무를 보고 월급을 받으면 되지만 소상공인들은 울상이다. 이렇게 어려워지는 시기 코로나 이후에 어떻게 할 것인가에 대해 배워야 하고 대책도 세울 수 있다. 때문에 우리는 많은 전문가들의 코로나에 관한 저서를 보고 배워야 한다.

『코로나 이후 세계』 저자 제이슨 앵커의 말이다.

"미래는 불확실하다. 그래도 인간 본성, 기술 발전, 역사적 트렌드 등과 미래에 대한 우리의 기대가 어떻게 일치하는지 한번 생각해볼 필요가 있다. 먼 미래에 더욱 중요해질 것들이 무엇인지 아는 것만큼이나 머지않은 미래에 가장 중요한 것이 무엇인지 아는 것이 중요하다. 코로나19로 인해 공공연한 비밀이 드러났다. 바로 지식 노동자로 산다는 것, 기술을 통해 원격으로 업무를 처리할 수 있다는 것은 직업 종말의 시기에 살아남는 방법이 된다는 것이다."

코로나 이후 앞으로는 지식노동자로 살아야 한다. 직장생활이나 몸을 사용해서 돈을 버는 시대는 지나갔다. 이제 번뜩이는 아이디어 싸움의 시대다. 이러한 것들을 책에서 배우지 않으면 어디 가서 배우겠는가? 인터넷에서? 유튜브에서? 물론 배울 수도 있다. 그러나 이런 면에서 배우는 것은 책에서보다 깊지 않고 전문적이지 않다. 돈을 들여 최고의 전문가한테서 배우든지 아니면 전문가의 책에서 배우는 것이 저렴하다. 책 한 권이 15,000원 정도라고 할 때 책이 저렴하다.

나는 책을 보면서 절망의 시기에도 희망을 가질 수 있다. 책은 늘 나에게 '할 수 있다', '도전하라'고 가르쳐준다. 책을 읽으면서 커지는 긍정적인 감정은 나를 새로운 도전으로 이끌고 나에게 꿈을 분명해지게 한다. 선한 욕망에 불 부치면서 잊고 살았던 꿈에 다시 불을 붙여 활활 타오르게 한다. 이때까지 꿈이 없어서 사는 게 사는 것이 아닌 삶을 살아왔다. 이제 꿈이 있으니 꿈을 향해 더 넓은 세상으로 나아간다. 지금 나의 꿈은 작가가 되고 늦은 나이에도 도전하며 꿈도 목표도 없이 방황하며 아직도 움츠러져 있는 사람들에게 동기 부여하여 저들을 어둠에서 빛으로 인도하는 빛의 일꾼이 되는 것이다.

이것은 내가 이 세상에 태어나고 이제껏 살아오도록 기회를 준 신의 뜻이다.

꿈이 있고 그 꿈을 이룩하고 싶은 열망이 있는 나는 미래가 두렵지 않다. 더 도전하고 싶고 더 많은 성과를 이룩하고 싶다. 나는 지금도 나의 꿈이 이루어져 작가가 되고 동기 부여가가 되어 강연을 다니는 나의 모습을 생생하게 상상한다. 상상하면 현실로 이루어진다. 이는 진리다.

지금부터
더 멋진 인생을 살아라

거인의 어깨에 올라 세상을 바라보라.

– 뉴턴

40대에 『논어』, 『공자』, 『맹자』 등 동양 고전을 많은 사람들이 읽고 있다. 나도 이런 책들을 접하긴 했지만 뜻이 심오해서 아직 다 소화시키지 못한다. 그중에서 나는 노자의 『도덕경』을 좋아하는 편이다. 내가 의식 확장에 관하여 관심을 가지고 의식 확장을 위해 노력하는 만큼 『도덕경』은 2,500여 년 전에 노자가 이미 깨달은 삶을 살고 있었다.

공자께서 말씀하셨다.

"사람이 도를 넓히는 것이요, 도가 사람을 넓히는 것은 아니다."

아무리 객관적인 조건이 좋다고 하더라도 사람이 공부하려 하지 않는다면 다 소용없는 일, 그러기에 누군가 "사람만이 희망이다."라고 하지 않았던가.

『맹자』 중 이런 말이 있다.

"널리 배우고 뜻을 독실하게 하며 간절히 묻고 잘 생각한다면 인(仁)은 그 안에 있다."

우리가 학교에서 배우는 지식으로 실제는 사회에서 살아가기가 힘들다. 수 능을 위한 교육이고 좋은 회사, 쉽고 편안한 일자리를 찾기 위한 교육이기에 사회에 나가면 별 필요 없다. 그래서 사람들은 날마다 스펙을 쌓아가고 있다. 스펙 쌓기에만 여념 없는 사람들은 스펙만을 고집하다가 나중에는 방황하 는 경향이 많다. 자신이 누구인지, 어디서 와서 어디로 가야 하는지, 이 지구 별에는 왜 왔는지 모른다. 학교에서 배우는 것보다 오히려 사회에 나가서 삶 을 배우고 인생을 배워야 한다. 우리들이 자신의 힘으로 배우려면 너무나 많 은 한계에 한정되어 있다. 우물 안 개구리가 된 셈이다. 세상은 넓고 지식과 지혜는 곳곳에 널려 있다. 우리들이 이런 지혜와 지식을 어떻게 내 것으로 만 들 수 있을까?

오직 독서밖에 없다. 책은 우리에게 이 세상을 간접적으로 체험하고 저자를 통하여 이 세상의 나 외의 다른 부분을 배워가며 시야를 넓혀간다. 책을 10권 읽은 사람은 한 권 읽은 사람보다 시야가 넓고 세상에 대해 더 잘 알며 100권 읽은 사람은 10권 읽은 사람보다 훨씬 세상에 대해 더 잘 분석할 수 있으며, 10,000권은 1,000권보다, 1000권은 100권보다 방대한 지식과 지혜를 가진다. 그들은 책 속에서 배우고 익히고 더욱더 겸손하게 세상을 바라본다. 성공한 사람들도 독서의 중요성을 알고 있기에 하나같이 독서에 미쳐 있다. 독서로 그들은 분명한 목표를 세우고 철저한 시간 관리와 자기 관리를 하며 어떻게 하면 성공을 할 수 있으며 어떻게 하면 돈을 기하급수적으로 벌 수 있는가를 생각한다. 그들은 책을 읽으면서 넓고 깊은 사고를 할 수 있으며 그에 따라 보수는 자동적이고 사회에 선한 영향력을 끼친다.

긍정심리학의 창시자 마틴 셀 리그만 교수는 저서 『학습된 낙관주의』, 『긍정심리학』에서 성공의 핵심은 '긍정적인 생각으로 세상을 바라보는 것'이라고 말했다. 그는 20년 동안 35만여 명의 사람들과의 인터뷰를 통해 다음과 같은 결론을 이끌어 냈다. 긍정적이고 낙관적인 사람은 세상과 자신에 대해 더 많은 에너지와 열정을 갖게 되고 나아가 면역체계도 강해져 질병에 대한 저항력이 커진다. 그 결과 정신적으로나 육체적으로 활동할 수 있는 에너지도 더 많아진다. 따라서 성공하고 행복한 삶을 살기 위해서는 세상을 긍정하고 만나는 사람들을 존중해야 한다.

요양보호사 학원에서 강사 선생님이 닉 부이치치에 대한 영상을 보여주셨다. 그는 미국 장애인 비영리단체 '사지 없는 인생'의 대표로 전 세계 300만 명의 사람들에게 희망의 메시지를 전한다. 그는 절망이 희망이 되는 삶을 온몸으로 증명한다. 태어날 때부터 팔다리가 없는 그는 처음에는 그 누구보다 불행한 아이라고 생각했다. 그러나 어머니의 노력으로 중고등학교도 다녔고 일반 대학에 가서 경영학도 전공했다. 그는 그 몸으로 수영도 하고 스케이트보드도 타고 서핑도 즐긴다. 끊임없이 도전하고 열정적으로 인생을 살아가면서 그는 지금도 많은 사람에게 긍정의 힘으로 살아가라고 메시지를 전하고 있다.

물에 관한 실험도 마찬가지다. 물에 대해 긍정적이고 사랑스러운 말을 하였을 때 그 물은 예술처럼 아름다운 얼음이 되고 물에 대해 나쁜 말, 부정적인 말을 하였을 때 물은 일그러진 결정체가 된다.

책을 많이 읽고 긍정적인 생각을 하면서 긍정적인 삶을 살면 우리는 자신의 빛을 낼 수 있다. 어두웠던 자신이 밝은 빛을 나타내면서 근심과 걱정과 불안으로 얼룩진 미래를 바꿀 수 있다. 우리는 운명의 한계에 있지 않다. 운명을 통제할 수 있다. 내가 주인 된 나만의 멋진 삶을, 끌려가지 않고 끌어가는 삶을 살면서 우리는 더 성장해간다.

270

『명심보감』에 있는 말이다.

"사람이 배우지 않음은 재주 없이 하늘을 오르려는 것과 같고, 배워서 지혜가 깊어지면 마치 상서로운 구름을 헤치고 푸른 하늘을 보며 높은 산에 올라 사해를 바라보는 것과 같다."

페스탈로치가 말했다.

"모든 사람을 잘 살든 못 살든, 어른이든 어린이든 본질로 본다면 어떠한 차이도 있을 수 없다. 그대의 힘이든, 마음의 모양이든 모두 그대 자신의 것이다. 인간의 순진한 행복을 바라는 힘은 밖에서 우연한 기회에 얻을 수 있는 것이 아니다. 오직 그 심정에 파묻힌 힘에서 얻을 수 있다."

지금은 배우기 좋은 시기다. 수많은 책이 우리를 기다리고 있다. 우리들이 마음먹기에 달렸다. 의도적으로 삶을 변화시키고자 책을 가까이하고 책 속에서 배운다면 우리는 더 나은 미래로 내디딜 수 있다.

새벽독서는 읽는 재미도 있지만 나의 사고 방식을 완전히 뒤집어놓았다. 불평불만을 긍정적으로 바꾸고 내 삶에 마음에 여유가 생기기 시작했다. 이렇게 미친 듯이 나를 변화하고자 한 독서는 끝내 책쓰기에 이르도록 이끌었다. 〈한책협〉의 김도사님 말씀이다.

"성공해서 책을 쓰는 것이 아니라 책을 써서 성공한다."

성공한 사람의 말로서 실제로 힘이 있다. 지금 책을 쓰는 이 순간도 나는 생각한다. 책을 쓰려면 온전히 긍정적 마인드가 아니면 책을 쓸 수가 없다. 책을 쓰면서 맘속에 아픔과 시련에 대해 또 우울했던 마음도 치유되어갔고 가족들에 대해 감사하기 시작했다. 감사할수록 점점 더 감사한 일들이 생겨나기 시작했다. 독서는 자기계발의 기본이다. 그러나 책쓰기는 자기계발의 끝판 왕이다.

나는 책을 쓰기 위해서 책을 읽는다. 이제 내 삶은 책쓰기로 인하여 위치가 바뀌어갔다. 나는 독자에서 저자로, 가난한 자에서 부자로 마인드가 바뀌어갔다. 나는 나의 미래가 한없이 아름답고 무한하게 창조되어가는 모습을 늘 상상한다. 내 속에 있던 꿈, 작가가 되고 강연가가 되어 많은 가난에서 허덕이는 사람들을 도우려는 위대한 꿈을 향해 나는 오늘도 열심히 독서하고 책을 쓰고 있다.

새벽독서의 힘

나는 새벽에
내 이름으로 된 책을 쓴다

아마추어는 앉아서 영감을 기다리지만
나머지 사람들은 일어나서 일하러 간다.
– 스티븐 킹

인생은 모든 것이 들어가면 나가는 것이 있어야 한다. 음식은 입으로 들어가고 뒤로 배설하며 호스로 물이 들어가면 물이 나가는 데가 있어야 호스가 터지지 않으며 지식도 들어가기만 하고 출력하지 않으면 아무것도 안 된다. 들어가기만 하고 나가는 것이 없으면 중간에 터진다. 책읽기만 열심히 하면 머리가 깨지듯 아프다. 머릿속에 많은 정보를 집어넣기만 하고 끄집어 내지 않는다면 뇌 속의 정보가 정리되지 않기에 독서를 하면서 이제는 끄집어내야 한다. 머릿속의 지식을 끄집어내는 것이 지혜이다. 나는 여태 독자로서 책을 읽었지만 이제는 저자가 되어 저자의 관점에서 책을 읽는다.

〈한책협〉 김도사님의 말씀이다.

"책을 쓰면 자연스럽게 퍼스널 브랜딩이 되어 내 이름이 하나의 특별한 브랜드가 되는 것이다. 이때까지 이름을 날리지 못해서 누가 알아봐주지 않았지만 책을 쓰면 사람들이 알아보고 인정해준다."

이 말인즉 성공하지 못한 사람도 책을 써서 성공할 수 있다는 것이다. 성공에 메말랐던 나는 이 한마디 말을 듣고 〈한책협〉에 책쓰기를 배우러 갔다. 김도사님은 150억 부자다. 그는 20대 때부터 오로지 꿈 하나만 붙잡고 여러 가지 어려운 시련을 극복한 자수성가한 부자다. 그는 자신의 경험과 노하우와 지혜를 많은 사람들에게 가르치고 많은 사람들을 1인창업 성공의 길로 이끌어가는 코치, 강연가, 동기부여가이며 작가이다. 〈한책협〉은 시스템이 과학적이어서 평범한 보통 사람도 1~2개월 만에 책을 쓰고 계약하며 진정으로 작가의 길에 들어서도록 인도한다. 많은 사람들이 책을 쓰는 것을 기초로 1인창업을 하여 성공한 삶을 살아간다. 코로나 시대에도 〈한책협〉에서 책쓰기를 배운 작가님들은 1인창업의 모든 시스템을 거쳐 온전히 부의 추월차선에 올라탄다. 〈한책협〉은 빨리 결과물을 내주는 유일한 곳이다.

처음 일일 특강을 듣고 나니 확실히 책을 써야 성공할 수 있겠다는 생각이 든다. 그런데 나 같은 사람이 책을 쓸 수 있을까? 나는 직장도 다니지 않았고

새벽독서의 힘

학력도 높지 않고 과연 내가 책을 쓸 수 있을까? 하는 의문이 들었다. 상담시간에 김도사님은 특강에 온 모든 분을 1대1로 다 만나주시고 상담해주신다. 한글을 쓸 수 있는 사람이면 책을 써낸다는 것이다. 시스템이 갖추어져 있으니 시스템대로 김도사님만 따라가면 책을 쓸 수 있다고 하신다. 한 사람이 지금까지 살아온 삶이 책의 스토리가 될 수 있다고 용기를 북돋아주신다. 그 말에 용기를 내고 나도 써보자고 다짐했다.

사람마다 자신만의 스토리가 있다. 그 스토리를 드러내고 끄집어내서 〈한책협〉의 과학적인 시스템에 의거하여 각자의 스토리텔링 인생을 살아간다. 비대면 언택트 시대는 1인창업이 답이다. 우리가 우리 이름으로 책을 써내고 그 책을 기초로 하여 콘텐츠를 만들면 나와 같이 어려움을 겪는 사람들에게 도움을 주고, 그렇게 도움을 받은 한 사람의 가치관이 바뀌고 인생이 바뀌면 메신저로 살아간다고 할 수 있다. 그에 따라 부도 나에게 자석처럼 끌려온다.

'죽기 전에 내 이름으로 된 책을 쓴다'라는 고이 묻어놨던 나의 작은 꿈은 이제 세상에 드러나기 시작한다. 내 이름으로 된 책을 써내고 내가 주인공이 된 세상에서 삶의 진정한 의미를 깨닫는다. 나는 〈한책협〉의 과학적인 시스템에 나를 맡긴다. 김도사님이 나도 책을 쓸 수 있다고 하셨고 나도 1인창업을 할 수 있다고 하셨다. 그래서 그냥 나를 성공한 사람에게 맡기고 그의 조언을 따르기로 하였다. 그 결과 나는 책을 다 써냈고 이 책이 많은 사람들에게 나를 알릴 것이다. 그렇게 내가 이 세상에 살았노라고 할 수 있는 나의 첫 책 『새벽독서의 힘』이 출간된다.

『새벽독서의 힘』 원고를 집필하는 사이 나는 이미 변화되었음을 느낄 수가 있다. 이미 성공한 작가의 모습으로 당당하게 세상을 헤쳐 나갈 저력이 생겼다. 이 책을 들고 나는 1인창업을 시작 할 것이며 이 책으로 새로운 삶이 시작되었음을 외친다. 내가 원하는 행복한 삶의 문이 열려진 것이다. 못할 것 같았던 책쓰기가 결국 할 수 있는 책쓰기가 되었고 결과를 내어서 큰 성취감을 느낀다. 나는 스스로 성공했다고 말 할 수 있는 자신감이 생겼다. 자신감은 나를 제약하는 모든 것을 이겨낼 수 있는 힘이다. 드디어 나는 내 안의 거인을 깨우고 말았다. 그 거인은 더 높게 더 멀리 바라보면서 삶을 이끌어간다.

믿지 못하는 사람들이 있을 수 있다. 어떻게 그 짧은 기간에 책을 써낼 수 있을까? 그것도 2개월 안에? 그러나 〈한책협〉은 가능했다. 〈한책협〉은 10년 동안 250권의 저서를 출간하고 1,000명의 작가를 배출했는데 여기에는 몇 가지 이유가 있다.

1. 과학적인 시스템을 갖고 있다.
2. 평범한 사람들의 의식 수준을 높이고 그들이 고양된 의식으로 자신이 천재 작가이고 베스트셀러 작가임을 믿었다.

3. 〈한책협〉을 찾아온 사람들은 다 삶을 바꾸고자 하는 절박함이 있었기에 누구보다 성공에 대한 갈망이 컸다. 강한 갈망이 〈한책협〉의 시스템과 어우러져 짧은 시간에 성과를 나타낼 수 있다.

4. 김도사님 본인이 온갖 시련을 극복하고 오로지 책을 쓰고 강연가, 코치 동기 부여가가 되는 꿈만 붙잡고 치열하게 살아왔다. 그런 김도사님의 지혜와 경험과 교훈을 아낌없이 제자들에게 나누어주었다.

5. 책쓰기 코치 이외에도 평범한 사람들이 부의 추월차선에 올라 성공으로 가는 길을 열어놓는 여러 가지 시스템이 병행되어 있어서 많은 사람들을 독자에서 작가로, 평범한 사람을 성공한 사람으로 위치를 바꾸어 주셨다.

수많은 사람이 〈한책협〉에서 책쓰기 과정을 배우고 나서 책 한 권 쓰는 데만 그치는 것이 아니라 2~3권을 써낸다. 그야말로 명불허전 작가가 되어 성공적인 삶을 살아가는 것이다.

〈한책협〉에 대니 리라는 작가님이 계신다. 그분은 미국 버지니아에서 온라인으로 수업을 받은 64세 되는 미국 이민자이며 여러 나라 시민권자이다. 8월 22일부터 김도사님과 연락을 해서 현재 2권의 책이 출간되고 1권을 계약했으며 한 권을 집필하고 계신다. 또 육아 전문가로 거듭난 양현진 작가님은 3년 동안 11권의 책을 출간했고 평범했던 직장인이 이제는 대통령 직속 저출산·고령 사회위원회 자문단, 정보보안 전문가, 자기계발 작가, 강연가, 동기부여가로 거듭나서 왕성한 활동을 하고 있다. 그 외에도 수많은 사람이 있지만 이 두 사람은 최근에 내가 〈한책협〉에 가서 알게 된 사람들이라 이렇게 얘기할 수 있다. 성공한 수많은 유튜버들도 〈한책협〉에 와서 책 쓰기를 배우면서 〈한책협〉의 시스템을 배우고 활용하여 성공의 길로 나갈 수 있었다.

"성공해서 책을 쓰는 것이 아니라 책을 써서 성공한다."

〈한책협〉의 이 말은 참으로 실현 가능한 진리이다. 수많은 평범한 사람이 책을 쓰고 인생이 바뀌고 보잘것없이 움츠러져 있던 사람들의 내면아이는 책을 쓰면서 치유되고 하나같이 당당하고 멋진 성공한 작가의 모습으로 거듭났다.

〈한책협〉은 많은 사람들을 성공으로 이끌어가는 것에 보람을 느낀다. 최근에 〈한책협〉은 온라인으로 본좌클래스를 운영하고 있다. 비대면 시대에 세계 곳곳에서 더 많은 사람이 〈한책협〉의 시스템을 배우고 가난에서 벗어나 성공의 길로 갔으면 좋겠다.

나는 내 삶을 바꿔주고 나를 성공의 길로 인도해주는 〈한책협〉 김도사님과 권마담님과 여러 코치님께 늘 감사한다. 또 나의 원고가 책이 될 수 있도록 도와주신 굿위즈덤 명상완 실장님과 이다경 팀장님, 그 외 많은 관련된

새벽독서의 힘

사람에게도 감사를 드린다. 원고 집필 기간동안 물심 양면으로 도운 남편과 아무 탈 없이 잘 자라주고 엄마를 이해해 주는 아이들에게도 감사한다. 지혜를 주신 하나님께 감사를 드린다.

새벽독서로
행복한 삶을 누려라

『새벽독서의 힘』을 마무리하면서 지난날들이 생각난다. 꿈이 없이 20여 년 동안 방황을 하면서 삶의 무게를 견디지 못하고 지쳐서 더 이상 살아갈 용기가 없을 때 귀인 김도사님을 만나 새로운 삶을 살아갈 수 있었다. 그가 소개해주신 책들은 나에게 살아갈 희망을 주었고 나의 존재를 귀하게 생각 할 줄 알게 하였다. 나의 존재가 왜 지구에 살아가야 하며 나는 왜 시험을 당해야하는지를 알게 되었다.

의식에 관한 책들은 나의 의식을 새로운 세계로 이끌어 주었다. 나의 삶의 무게는 내가 감당할 수 있는 정도라는 것을 깨달았다. 삶의 문제를 감당할 수 없다는 부정적인 의식을 가졌을 때 나는 메뚜기였다.

그러나 삶의 문제를 감당할 수 있다고 마음먹으니 삶의 무게를 감당할 수 있는 거인이 되고 문제는 작아졌다. 책을 읽으면서 의식이 바뀌고 마음이 바뀌고 삶이 바뀌었다.

이제는 책을 읽는 것을 기본으로 나의 이름으로 된 책을 써서 새로운 세상으로 향하고 있다. 작가라는 꿈을 꾸면서 더 멋진 미래를 향해 나아간다. 남들보다 20여 년 정도 늦은 나이지만 꿈을 가지고 꿈에 도전하고 꿈을 이루어가는 과정에서 아내로서 엄마로서의 삶에 충실하며 행복한 삶을 살아간다.

지난날의 철없던 방황에 대하여 남편이 나의 잘못을 이해해주고 용서해줘서 고맙다. 이제는 남편한테서 벗어나고 싶은 생각보다 남편을 만날 때의 초심을 회복시켜 남편을 세워주고 남편을 사랑하고 남편을 의지하고 남편과의 관계를 우선으로 하려고 마음을 먹는다. 책이 나오기까지 물심 양면으로 도와줘서 고맙다. 엄마의 노릇을 제대로 못한 나를 이해해주고 알아서 잘 자라준 자녀들에게도 고맙다. 책을 펴내면서 모든 것이 고맙기만 하다. 낳아주시고 새벽형 체질을 만들어주신 부모님도 고맙다.

〈한책협〉 김도사님도 권마담님도 고맙다. 책이 나오도록 애써주신 굿위즈 덤 명상완 실장님과 이다경 팀장님, 그 외 관련된 모든 분께 고맙다. 초보 작가라고 무시하지 않고 사랑과 용기로 이끌어주셔서 고맙다. 책을 쓰면서 지혜를 주신 하나님께 고맙다.

여러분도 삶이 힘들고 지치면 독서를 하라고 권하고 싶다. 독서는 삶을 바꿔주고 삶을 감당할 만한 힘을 준다. 독서를 통하여 삶의 목적과 계획을 세워서 삶이 더 발전하고 풍요로워지는 경험을 하며 그동안 느끼지 못했던 행복을 느껴보기 바란다.

이 책을 읽는 것부터 시작하라. 나도 내 삶을 바꿨으니 여러분도 만족하지 못하는 삶을 만족하는 삶으로 바꿀 수 있다. 누구나 행복한 삶을 누릴 자격이 있다. 누구나 사랑받을 자격이 있다. 당신은 사랑받고 행복하기 위해 태어났다.

새벽독서의 힘